Z. 1791.
A

17826

ESPRIT,
SAILLIES
ET
SINGULARITÉS
DU P. CASTEL.

Par La Porte.

A AMSTERDAM;
& se trouve à PARIS,
Chez VINCENT, rue S. Severin.

───────────

M DCC LXIII.

INTRODUCTION
PRÉLIMINAIRE,

Contenant les principales particularités de la vie du P. Castel.

Louis-Bertrand Castel naquit à Montpellier, le 11 de Novembre 1688, & entra chez les Jésuites, le 16 Octobre 1703. Il joignit de bonne heure l'étude des mathématiques à celle de la philosophie ; & dès-lors son penchant fut fixé. Toute sa vie, il a été géometre & philosophe. Il ne laissa pas dans sa jeunesse de cultiver les belles-lettres : il les enseigna même, suivant les engagemens de sa profession ; &, dans tous les temps, sa mémoire fut fidelle à lui rappeller ce qu'il avoit lu dans les meilleurs ouvrages de l'antiquité.

Avant l'âge de 30 ans, & malgré les diverses occupations de son état, il avoit lu presque tous les mathématiciens : aussi reconnoît-on, dans la plûpart de ses compositions, qu'il possédoit parfaitement l'histoire de son art ; qu'il étoit instruit, s'il est per-

PRELIMINAIRE, vij

mis de parler ainsi, de toute la généalogie des découvertes mathématiques ; qu'il sçavoit, à point nommé, discerner & apprécier le mérite de ceux qui se sont distingués dans cette vaste carriere des sciences.

Ce fut aussi vers l'âge de trente ans qu'il se fit connoître par quelques essais relatifs à son goût & à son génie. Ces ébauches tomberent entre les mains de M. de Fontenelle & du pere de Tournemine, l'un & l'autre protecteurs déclarés des succès naissans. Ils jugerent que le P. Castel ne seroit point déplacé dans la capitale ; & ils conseillerent

a iv

viij INTRODUCTION

à ſes ſupérieurs de le faire paſſer de Toulouſe à Paris.

C'étoit ſur la fin de 1720; & dès-lors le P. Caſtel jetta dans ſes ouvrages & dans le public les fondemens de ſes trois grands ſyſtêmes ; celui de la peſanteur univerſelle ; celui du développement des mathématiques, celui de la muſique en couleurs ou du claveſſin pour les yeux: ce n'eſt pas qu'il n'ait travaillé dans pluſieurs autres genres. On a de lui des morceaux raiſonnés ſur l'hiſtoire naturelle, ſur la géographie, ſur les arts (peinture, muſique, tactique, &c.) ſur la politique, sur la morale, sur la théologie; & si l'on faisoit un inventaire exact des manuscrits qu'il a laissés, que d'observations n'y trouveroit-on pas sur toutes les parties des connoissances humaines?

Cet esprit, naturellement facile, fécond & inventeur, étoit sans cesse sollicité par l'imagination. Pour la satisfaire, il falloit ouvrir de nouvelles routes, créer successivement des hypotheses, embrasser toutes sortes de sujets, tirer parti de tous les événemens, jouer un rôle dans toutes les révolutions des sciences. Quelle part l'imagination n'a-t-elle point eue dans les opérations littéraires de ce génie singulier ? Combien de services ne lui a-t-elle point rendus, soit pour embellir des systêmes peu susceptibles d'ornemens, soit pour captiver un public toujours curieux de peintures, lors même qu'on ne lui promet que de l'instruction ? Quand le P. Castel a pu tenir sous les loix de la raison cette puissance d'imaginer, qui étoit en lui au degré les plus éminent, il n'a dit que du vrai ; &, ce qui est très-digne de remarque, il l'a dit du style le plus attrayant & le plus convenable. Nous pourrions produire en preuve un trés-grand nombre d'analyses répandues dans les Journaux ; celles , par exemple , de la Théodicée de Leibnits (Trevoux , Janvier , Février , Mars , Juin , 1737.) Tout y est noblement pensé , finement écrit, agréablement modifié, interprété, critiqué.

Mais cette imagination est une infidelle : elle a ses moments de séduction ; elle trompe alors les plus sages. Ce philosophe - géometre , l'objet de nos éloges , a , de temps en temps, passé la ligne que lui traçoit la géométrie, tant pour le fond des choses que pour la maniere de les dire. L'imagination jouoit son rôle : elle se déceloit par des écarts, par des saillies, par des singularités ; &, ce qui doit paroître une sorte de phénomene en ce genre, ces illusions se manifestoient encore sur le retour de l'âge ; comme pour nous apprendre que l'imagination est une puissance impérieuse, qui survit aux forces du corps, & qui ne se laisse point dompter par le poids des années.

C'est (nous le répétons) dans le Traité de la pesanteur, dans la Mathématique universelle, & dans le clavessin oculaire, qu'il faut confidérer le génie du P. Caftel. Sa doctrine de la pefanteur étoit, felon lui, la clef du fyftême de l'univers. Tout dépendoit de deux principes, de la gravité des corps & de l'action des efprits : gravité des corps qui les faifoit tendre fans ceffe au repos ; action des efprits qui rétabliffoit fans ceffe les mouvemens: gravité des corps en tout fens, & principalement vers les centres; action des efprits efficace par-tout, capable en tout temps de rompre l'équilibre & d'empêcher l'inertie de la machine du monde. Ce fyftême, exposé dans deux volumes qui parurent en 1724, éprouva d'abord des contradictions: c'étoit au moins la preuve d'une célébrité qui ne pouvoit être indifférente à l'auteur. Il répondit à tous ses adversaires, & nommément à M. l'abbé de S. Pierre, dont les observations intéressantes sont consignées dans les Mémoires de Trévoux 1724. Cet auteur illustre connoissoit dès-lors le génie du P. Castel. »Il me paroît, disoit-il, de » ces esprits originaux qu'il » est plus à propos d'encou- » rager à démontrer ce qu'ils » découvrent, que de les en-

» courager à faire de nouvel-
» les découvertes. Il reffem-
» ble à ces héros qui font plus
» capables de conquérir un
» grand pays, que de bien
» conferver des conquêtes
» moins étendues... Si je fais
» des critiques générales du
» livre (de la pefanteur,) c'eft
» que je le crois bon, & par
» conféquent très-digne d'être
» perfectionné ; l'efprit du
» P. Caftel me paroît fyftê-
» matique : il fçait enchaîner
» fes idées les unes avec les
» autres ; & c'eft l'enchaîne-
» ment parfait des idées, qui
» en fait la folidité : ce font
» ces fortes d'efprits de la

» premiere claſſe, qui ſeuls,
» avec leur grande pénétra-
» tion, avec la netteté de leurs
» démonſtrations & avec les
» éclairciſſements aux diffi-
» cultés, peuvent ouvrir des
» routes difficiles, & montrer
» des vérités fécondes aux eſ-
» prits de la ſeconde claſſe. »
Quand on critique ainſi, la
controverſe n'eſt pas loin de
ſe tourner en traité de paix.
L'abbé de S. Pierre fut toujours l'ami du P. Caſtel : ils
raiſonnerent encore quelquefois ſur la peſanteur, puis ſur
la politique ; & ces deux eſprits, aſſez faits l'un pour
l'autre, ſe partageoient néan-

moins dans leurs vues ; l'un mettoit la politique à la tête de tout ; l'autre fongeoit d'abord à la phyfique, & vouloit que l'adminiftration des empires fuivît ou imitât le méchanifme du monde.

La mathématique univerfelle valut à fon auteur d'être admis dans la fociété royale des Londres : honneur qui lui fut déféré fans contradiction, fans follicitation, fans intrigue. Son livre reçut des éloges infinis à Londres ; on le jugea *merveilleux*, *extraordinaire*, *excellent* : c'eft ainfi qu'en parlerent les Nouvelles publiques : on admira fur-tout

xviij *Introduction*
l'aisance avec laquelle ce nouveau géometre traçoit son plan immense, & les facilités qu'il promettoit à ses lecteurs. En France, on parut desirer plus de sécheresse & d'austérité ; comme s'il n'étoit pas permis d'attaquer les mathématiques avec autant de gaieté qu'il en paroissoit dans la démarche des Spartiates, quand ils alloient combattre les ennemis de la patrie.

Le clavessin oculaire acheva de rendre très-célebre le nom du **P. Castel**. Il en annonça le projet, dès l'an 1725, dans le Mercure de Novembre ; & il en développa toute la théorie à M. le président de Montesquieu dans les six derniers volumes de Trévoux 1735. Son premier deffein ne fut pas de réalifer ce fyftême; il ne vouloit que le propofer & faire naître à quelque amateur le le defir de l'exécuter. C'eft, nous ofons le dire, le point précis auquel il devoit s'en tenir; démontrer l'analogie des fons & des couleurs, c'étoit l'affaire d'un géometre; dreffer la machine du clavefsin chromatique, ce devoit être l'entreprife de quelque curieux millionaire. Le pere Caftel fe chargea de tout; & la meilleure partie de fes jours s'est écoulée dans l'exercice presque méchanique de cette construction qui n'a point réussi. Ce n'est pas qu'en prenant la théorie des couleurs dans tous les sens, il ne soit parvenu à des découvertes importantes dont les arts pourroient profiter ; mais ce clavessin pour les yeux, fabriqué à plusieurs reprises, & même à grands frais, n'a ni rempli le devis de l'auteur, ni satisfait l'attente du public. La chose, au fond, est-elle possible ? Et de ce qu'on démontre qu'il y a entre les couleurs des proportions analogues à celles des sons, s'ensuit-il que le claveſſin oculaire puiſſe affecter l'organe de la vue, comme le claveſſin acouſtique affecte l'ouie ; enſorte que l'ame éprouve des deux côtés une ſenſation à-peu-près égale? Nous ne doutons point qu'on ne pût auſſi démontrer que les odeurs & les ſaveurs ſont ſuſceptibles d'une comparaiſon & d'une combinaiſon ſemblable à celle des tons de la muſique : faudra-t-il en conclure la poſſibilité d'un claveſſin pour le goût, & d'un autre pour l'odorat?

Cependant le ſyſtême du claveſſin oculaire ſuppoſe tant d'eſprit & de connoiſſances dans l'inventeur, qu'on doit encore admirer cette hypothèse, & profiter du plan qu'en a tracé le P. Castel. Ces sortes de spéculations étendent les vues humaines, enrichissent l'histoire de la philosophie, & servent à perfectionner les arts. Dans les ébauches d'exécution qu'on a pu voir de ce clavessin, les couleurs variées presque à l'infini, combinées sçavamment, jointes à l'éclat des miroirs & à l'effet des bougies, faisoient un spectacle au moins extraordinaire, & qui mériteroit d'être exécuté en grand. Qui sçait si, quelque jour, cette magie

PRELIMINAIRE. xxiij
faite pour les yeux ne pourroit pas égaler en son genre la magnificence des plus beaux concerts de musique ? Si ce phénomene arrive jamais, on en aura toujours le principe, la clef & la raison dans les sçavantes expositions du pere Castel.

Nous ne dirons rien de ses travaux sur ou contre le Newtonianisme. Il honoroit le philosophe Anglois, sans être persuadé que sa doctrine fût propre à dévoiler le vrai système du monde. Il compara, en cette maniere, Newton & Descartes : *Tous deux se valoient bien pour l'inven-*

tion ; mais Descartes avoit plus de facilité & d'élevation. Newton, avec moins de facilité, étoit plus profond. Tel est, à-peu-près, le caractere des deux nations. Le génie François bâtit en hauteur, & le génie Anglois en profondeur. Tous deux eurent l'ambition de faire un monde, comme Alexandre eut celle de le conquerir ; & tous deux penserent en grand sur la nature.

La vie du P. Castel fut aussi unie que son caractere. Le long séjour qu'il a fait dans la capitale, n'a été qu'une longue suite d'actions qui étoient à-peu-près les mêmes.

Aux devoirs de la profeſſion religieuſe qu'il remplit toujours ponctuellement, il joignoit l'étude, la compoſition, la converſation des gens de lettres, le ſoin de quelques éleves de mathématique, l'attention à répondre aux perſonnes qui le conſultoient par lettres ſur les diverſes parties des ſciences. Aſſez répandu d'abord dans quelques ſociétés où il étoit eſtimé & chéri, il ſe renferma enſuite dans le cercle de ſes occupations : on alloit le voir comme Archimede, qui avoit toujours quelque nouvelle invention à montrer. Il paroiſſoit auſſi simple que cet ancien géometre, & auſſi peu attentif aux commodités de la vie. Sa perſonne, ſes livres, ſes écrits ſans nombre, ſon attellier pour le claveſſin oculaire habitoient le même réduit; & il falloit avoir, comme lui, l'eſprit de calcul pour diſtinguer quelque choſe dans cet amas prodigieux de piéces de toute valeur, qui compoſoient ſon tréſor phyſique & mathématique.

La religion de ce géometre qu'on n'accuſera pas de petiteſſe d'eſprit, fut toujours ſincere, zélée, publique & ſans reſpect humain. Il ne composa presque point de livres, de dissertations, d'analyses, où l'on ne remarque des traits sensibles du respect le plus profond pour Dieu, de la foi la plus vive pour tous les mysteres, de l'estime la moins équivoque pour tous les exercices de la piété chrétienne. Ces sentimens redoublerent encore dans sa derniere maladie, dont le détail pourroit paroître comparable à ce qu'on raconte de la mort des plus fervens serviteurs de Dieu. La fin de cette carriere très-laborieuse & très-philosophique, sans cesser d'être vraiment chrétienne & religieuſe, arriva le 11 de Janvier 1757. Le P. Caſtel étoit auſſi de l'académie de Bordeaux & de celle de Rouen. Voici la liſte des ouvrages qu'il a publiés, hors des livres périodiques.

Traité de la peſanteur univerſelle, 2 *vol. in*-12. (Paris) 1724.

Plan d'une mathématique abregée, *in*-4°. (Paris) 1727.

Mathématique univerſelle abrégée, *in*-4°. (Paris) 1728.

Diſcours préliminaire à la tête du livre de M. d'Azin, ſur la maniere de défendre les places, *in*-12. (Paris) 1731.

Diſcours préliminaire à la

tête de l'Analyse des infiniment petits de M. Stône, traduits de l'anglois ; par M. Rondet, *in-4°*. (Paris) 1735.

Lettres philosophiques sur la fin du monde, *in-12*, 1736.

Réponse à M. d'Anville sur le pays de Kamtschatka & de Jéco, 1737.

Géométrie naturelle en dialogues, (*in-12*, 1738,) dans les Amusemens du cœur & de l'esprit.

Dissertation philosophique & littéraire, où, par les vrais principes de la physique & de la géométrie, on recherche si les règles des arts, soit méchaniques, soit libéraux, sont fixes ou arbitraires, (*in*-12, 1738,) dans les mêmes Amusemens.

Optique des couleurs, *in*-12. (Paris) 1740.

Le vrai Système de physique générale de M. Newton, *in*-4°. (Paris) 1743.

Lettres à M. le Chevalier de F*** sur la construction des Vaisseaux, *in*-4°, 1746.

Lettre d'un académicien de Bordeaux sur le fond de la musique, à l'occasion de la Lettre de M. Rousseau contre la musique françoise, *in*-12, 1754.

Réponse critique d'un académicien de Rouen à l'académicien de Bordeaux, sur le plus profond de la musique, *in*-12, 1754.

L'Homme moral, opposé à l'homme physique, *in*-12. (Toulouse) 1756.

Exercices sur la Tactique, ou la Science du héros, *in*-8°. (Paris) 1757.

Nous ne transcrivons point ici la liste des Lettres ou Dissertations que le P. Castel a insérées dans le Journal de Trévoux & dans le Mercure de France : cette nomenclature seroit trop longue. Nous nous contenterons de dire qu'il y a de lui trente-huit xxxij INTRODUCTION, &c. morceaux (quelques-uns même de confidérables) dans le premier, & vingt-deux dans le Mercure.

TABLE DES MATIERES.

DE la Sagesse Divine. Page 1
Des Miracles. 5
De la Foi. 7
Des Facultés de l'Ame. 10
De l'Imagination. 14
Du Génie. 19
Du Génie Philosophe. 25
De l'Esprit. 27
De la Liberté. 31
De la Vérité. 33
De la Société. 34
De la Royauté. 39

Des François. 46
De la Langue françoise. 54
Des Italiens. 56
Des Grecs. 61
Des Sauvages. 63
De la Gloire. 75
De l'Orgueil. 77
De notre Siécle. 78
Des Jugemens des Hommes. 82
Des Découvertes. 84
Des Nouveautés. 94
De la Science. 102
De la Science de la Guerre. 114
Des Mathématiques. 136
De la Quadrature du Cercle.
 138
De la Physique. 141
De la Physique relative à la

DES MATIERES.

Morale.	150
De la Physique par rapport à la Politique.	155
De l'Action des Hommes sur la Nature.	183
Du Mouvement.	222
Du Son.	231
De la Musique.	238
De la Musique françoise.	251
De la Musique italienne.	266
Du Style.	272
Clavessin pour les Yeux.	278
Des Couleurs.	348
Comparaison du Son & des Couleurs.	356
Clavessin pour les Sens.	369
Du Goût physique.	371
Des mauvais Effets du Cuivre.	380

Comparaison des Descartes &
de Newton. 388
Comparaison de Bayle & de
M. Rousseau de Geneve. 391
De la Mort. 393

Fin de la Table.

ESPRIT,

ESPRIT,
SAILLIES
ET
SINGULARITÉS
DU P. CASTEL.

DE LA SAGESSE DIVINE.

ON diroit que Dieu s'est peu mis en peine de nous faire remarquer sa puissance : elle se fait assez sentir dans tout ce qui frape nos sens ; mais il ne suffit pas d'avoir des sens, pour juger de sa sagesse : elle ne se révele qu'à l'esprit, & à des esprits sages, naturellement droits & équitables, en qui la corruption du cœur n'émouſſe point les impreſſions de la raiſon : il faut que ces impreſſions ſoient bien affoiblies dans le commun des eſprits ; de tout temps, on a reconnu une puiſſance ſuprême dans la conduite de cet univers ; & de tout temps, il y a eu des eſprits, pour qui la ſageſſe, qui n'éclate pas moins dans cette conduite, a été un problême.

On peut même dire que la plûpart des eſprits ſont plus frapés de la puiſſance que de la ſageſſe de Dieu : ſans cela aurions-nous beſoin des miracles pour confirmer la religion ; & les événemens les plus ordinaires ne ſeroient-ils pas pour nous les plus fortes preuves de la divinité ? Sur quoi

DE LA SAGESSE DIVINE. 3
j'admire les prétendus beaux esprits de notre siécle, ou de tous les siécles : ils se rendroient, disent-ils, si on leur faisoit voir des miracles : ils veulent paroître plus sages & plus esprits forts que les autres ; & ils veulent cependant que Dieu les traite en peuple ; qu'il suspende les merveilles de sa sagesse, pour ne laisser éclater que celles de sa puissance : n'est-ce point-là la marque d'un esprit très-peu sage, très-peu raisonnable, très-peu fort, très-populaire ? Je l'ai déja dit : il faut être sage pour estimer, & même pour connoître la sagesse. Voilà pourquoi Dieu a rempli l'écriture des témoignages qu'il rend à sa sagesse. Il s'est presqu'entiérement reposé sur nos sens des témoignages qui sont dûs

A ij

à fa puiffance : à peine nous a-t-il marqué fa qualité de Créateur; & s'il l'a marquée, c'eft d'une maniere moins précife; mais fa fageffe, il l'a marquée avec les traits les plus vifs : par-tout il lui confacre les plus magnifiques éloges ; c'eft à elle qu'il rapporte toutes les merveilles qui font forties de fes mains. Il a voulu qu'il y eût un livre de l'écriture qui portât le nom de *Livre de la Sageffe*.

DES MIRACLES.

LES miracles sont proprement le symbole de la toute-puissance de Dieu : la nature, je la regarde comme la propre expression de la sagesse ; le peuple ne connoît guères de Dieu, que sa puissance qui l'étonne par des coups bruyans & inespérés : c'est pour lui, sur-tout, que sont les miracles ; je dis pour lui peuple, sans exclure ces prétendus esprits forts, qui, fermant les yeux & les oreilles aux spectacles & à la voix de la nature, fidelle interprete de la divinité, ont besoin, pour la reconnoître, de quelque coup éclatant de sa puissance, & rentrent par-là honteusement dans la foule, de qui ils prétendent vainement se distinguer. Mais le sage, mais le vrai philosophe, plein de respect pour cette puissance, plein de soumission & de docilité pour ces miracles, sçait discerner dans la nature une sagesse toute divine, qui s'y dépeint jusques dans les moindres traits, & adorer une vérité qui l'éclaire : Dieu est esprit, & ce n'est que par des esprits qu'il est adoré avec vérité. Quelle bizarrerie, mais quelle foiblesse de ne vouloir ou de ne pouvoir reconnoître l'auteur de la nature que dans l'infraction de ses loix, & de ne fléchir le genou que lorsqu'il tonne !

DE LA FOI.

La foi ne captive que les esprits ou les cœurs rebelles ; elle met en grande liberté les bons esprits qui ne sont pas les dupes du cœur. Toutes les fois que, vis-à-vis d'un myſtere ou d'une difficulté de ſcience, j'ai commencé par dire *Credo*, j'éprouve conſtamment dans mon eſprit une très-grande liberté de raiſonner & de comprendre, & de faire comprendre aux autres. A toutes les opérations d'eſprit comme de corps, il faut un point fixe, un centre de repos d'où partent tous les mouvemens. Un reſſort n'agit par une extrémité, qu'autant qu'il eſt fixé par l'autre. La foi eſt l'unique point fixe des eſprits dans les sciences humaines autant que dans les divines. Quand je montre aux jeunes gens quelque point difficile de mathématique, de géométrie même, je n'ai pas trouvé de meilleure façon de me faire entendre des esprits revêches & difficultueux, que de leur dire : *Commencez par croire que je sçais ce que je vous dis. Je ne veux pas vous tromper, je ne puis pas m'y tromper. C'est ma propre science que je vous donne. Il y a trente ans que je le sçais. Tout le monde le pense de même, &c.* Quand j'ai dit cela à des esprits raisonneurs, mais raisonnables : car c'est de la raison cela ; aussi-tôt ils me croient & m'entendent tout de suite, avec facilité. Il n'y a rien qu'on n'entende, dès qu'on a intérêt de le sçavoir. La foi de l'esprit intéresse le cœur même à en faire l'objet de son intelligence; car on est curieux & on aime à voir clair. Les Samaritains, après avoir vu Jesus-Christ, disoient à la Samaritaine : Nous avons cru d'abord sur votre parole ; mais nous croyons désormais, pour avoir vu comme vous.

Autant d'explications, de preuves même qu'on donne à un mystere, font autant de mysteres souvent plus inintelligibles que le mystere même, & d'autant plus mysteres, qu'ils le sont de la façon des hommes, au lieu que le vrai mystere l'est de la façon de Dieu, ce qui le rend le seul croyable; mais ceux de la façon des hommes, sont toujours litigieux.

Des Facultés de l'Ame.

L'Intelligence est comme une vapeur subtile que le soleil éleve, sans préjudice de la sérénité du jour. Le sentiment est comme une vapeur grossiere, qui forme un brouillard obscur. Les sensations sont comme de grosses gouttes de pluie, pesantes & denses, qui rendent le jour sombre & ténébreux. L'idée répond encore à la vision de l'œil; le sentiment, à la persuasion de l'oreille; la sensation, à la sécurité aveugle du tact. Le peuple est peuple par les sensations; le sçavant est sçavant par les idées; l'homme poli, l'homme tout court tient le milieu par les sentimens. Encore ce milieu vaut-il peut-être mieux, parce que c'est un milieu ; & parce que les idées du sçavant, souvent fausses & présomptueuses, sont presque toujours abstraites, irréductibles à la pratique, & inutiles au commerce de la vie, au bien de la société ; & parce que les sensations populaires ne sont que bassesse & grossiéreté. Ajoûtons que les idées du sçavant étant toutes en spéculation, ne l'exemptent pas le plus souvent de cette grossiéreté de sensations populaires : allant d'une extrémité à l'autre, sans beaucoup s'arrêter aux sentimens ; aux vrais, physiques ou moraux : car de sentimens métaphysiques, de ceux où l'esprit & le raisonnement dominent, au préjudice du cœur, du courage, de l'affection, de la bonne volonté, des mœurs même, & de la religion, souvent même du sens commun & de la raison, le sçavant, pur sçavant, n'en manque pas; ce qui explique bien des phénomenes littéraires. Les idées font l'esprit, les sentimens le cœur, les sensations l'ame. Par esprit, on entend l'ame comme dégagée des sens, & n'ayant que de l'intelligence. Par cœur, on entend, on sous-entend, du moins l'ame, comme moitié dégagée du corps, n'y tenant que par les sens & par un reste de sensation, & tenant à l'esprit par un commencement d'idée. Par ame, on entend l'esprit comme tenant tout-à-fait au corps & aux sens, comme intimement uni au corps, comme animant & vi-

vifiant le corps; d'où lui vient le nom d'ame, c'est-à-dire, de substance qui anime. La bête a une ame, sauf à expliquer ce que c'est; l'homme a un cœur: l'ange n'est qu'esprit. Ainsi le peuple est un peu au-dessous de ce qu'il est par nature; le sçavant au-dessus, s'il sçavoit s'y tenir: l'homme du monde, l'homme poli & bien né, est ce qu'il est; encore une fois, c'est peut-être le mieux. On ne redresse souvent la nature, qu'en l'estropiant: il faut avoir bien de l'esprit & de la science, pour en avoir impunément pour le bon sens & le bon cœur.

De l'Imagination.

Dans la rigueur du terme, *imaginer* ne veut, ce me semble, dire autre chose, que se former une image, une idée d'une chose qu'on ne voit point, ou dont l'image ne se peint pas actuellement dans l'œil ou dans les autres sens. Où en serions nous, au moins dans les arts ou dans les sciences, si nous ne pouvions nous y permettre d'imaginer ce que nous n'avons point vu, & ce que personne n'a jamais vu ? Jamais inventeur a-t-il atteint au but de son invention, sans le secours de cette faculté imaginative ? Je l'avouerai franchement ; inventer & imaginer m'ont toujours paru synonymes. Une personne m'ayant fort pressé, il y a six ou sept ans, de convenir que mon clavessin oculaire étoit une imagination, & qu'un de ses ouvrages qu'il citoit en opposition, n'en étoit point une ; je lui répondis, puisqu'il le vouloit, que j'étois prêt de signer sa proposition & de l'adopter. Il n'en vouloit pas tant ; car il se fâcha tout de suite de l'excès de ma complaisance ; sans doute, parce que la compagnie y donna un mauvais tour, en souriant à l'idée qu'elle comprit que j'avois dans l'esprit.

Je l'avois en effet, c'est-à-dire, que je pensois, comme je le pense encore, que l'imagination, toujours à craindre dans le commerce de la vie, dans l'usage du monde, dans la conduite des affaires, dans tout ce qui s'appelle vie civile, politique même, & sur-tout religion, étoit tout-à-fait & uniquement desirable dans les arts, dans les sciences, & dans toutes les affaires d'esprit, de théorie & d'invention. Cependant la bizarrerie veut que cette imagination, décriée dans les sciences & dans les arts, régne paisiblement dans la conduite de la vie, dans les affaires de prudence, & qu'elle usurpe souvent des droits téméraires & scandaleux sur la religion. Car vous n'entendez jamais crier contre l'imagination dans le maniment des affaires, dans le gouvernement des empires, dans les opérations militaires ; & c'est-là pourtant qu'il faudroit être tout-à-fait en garde contr'elle, & qu'elle produit les plus terribles cataſtrophes ; au lieu que ſans ceſſe on critique, & les ſçavans eux-mêmes critiquent l'imagination des ſçavans dans des ouvrages, qui, ſans elle, ne ſçauroient jamais être que des répétitions aſſez inutiles, d'ouvrages ſouvent meilleurs, & ſouvent inutiles eux-mêmes.

N'eſt-ce point encore ici la fable ou l'hiſtoire du Renard ſans queue, qui harangue les autres, pour leur perſuader de couper la leur ? Car il y a trois opérations de l'eſprit, relativement aux trois temps des choſes. Ces trois opérations ſont, *voir*, *concevoir*, & *prévoir* : c'eſt toujours *voir*, mais par trois différentes facultés, qui ſont trois eſpeces d'hommes ſçavans, ou éclairés plus ou moins. Le peuple voit le préfent par une fimple appréhenfion ou vifion. Le fçavant, purement fçavant, l'érudit conçoit le paffé par le fecours de la mémoire ; & la troifieme efpece prévoit, preffe, produit même en un fens l'avenir, par la force de fon imagination: car c'eft une faculté créatrice, pour me fervir de l'expreffion d'un bel efprit du dernier fiécle.

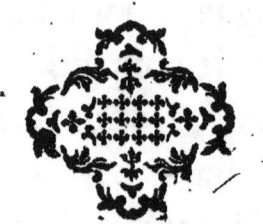

Du Génie.

Le grand génie, ou en général le génie, a deux qualités qui le caractérisent: il est inventif & philosophe. C'est la vivacité qui le rend inventif, c'est la maturité qui le rend philosophe : la vivacité ne fait que le bel esprit; la maturité seule fait le bon sens : il faut les deux pour former le génie. Sans l'esprit de philosophie & de raisonnement, le bel esprit s'évapore en imaginations bizarres, plutôt qu'il n'est inventif. Sans l'esprit d'invention, le génie philosophe n'est qu'un froid bon sens bourgeois, qui rempe terre à terre, & n'est bon que pour celui qui l'a ; l'empêchant de faire des fautes par l'unique raison qui l'empêche de rien tenter d'extraordinaire & d'éclatant.

Le même fond de génie, qui fait le genie de la guerre, fait le génie de toutes les sciences & de tous les arts. Le génie en général est une grande facilité de penser, de concevoir, de raisonner, d'apprendre, d'imaginer, &c. Mais il faut que la naissance, l'éducation, le goût naturel, l'inclination, & surtout la providence tournent ce génie à la guerre. Tourné à la poësie, il fait les Homeres & les Virgiles ; tourné à la philosophie, il fait les Aristotes & les Descartes ; tourné aux mathématiques, il fait les Archimedes ; tourné à la guerre, il fait les Alexandres, les Césars, les Turennes, les Condés ; porté même à un certain degré de perfection, ce génie embraſſe tout. Archimede avoit le génie de la géométrie, de la méchanique, de la politique & de la guerre, à-peu-près au même degré. Deſcartes étoit auſſi profond géometre que philoſophe ſubtil ; Céſar auſſi élégant orateur, que ſage & vaillant guerrier. En général, le génie de la guerre eſt le plus élevé & le plus vaſte de tous les génies ; & l'on trouvera plus de guerriers de profeſſion qui ont eu les autres talens de la ſcience, de la poëſie, de l'éloquence, des autres arts, qu'on ne trouvera de ſçavans & d'artiſtes de profeſſion qui ayent été médiocres guerriers. On ne voit guères qu'Archimede qui ait paſſé avec éclat de la théorie du cabinet à la pratique du métier de la guerre ; au lieu que Céfar, Scipion, Alexandre, le prince de Condé, la plûpart des héros militaires, fur-tout les Grecs qui font en fi grand nombre, poffédoient bien des fciences & des arts, & les poffédoient avec diftinction & avec éclat.

Le génie de la guerre a deux grandes parties ; la préfence d'efprit, & le coup d'œil. Par la préfence d'efprit, un guerrier trouve en lui-même des reffources ; par le coup d'œil, il en trouve au-dehors ; l'un n'eft rien fans l'autre : fans l'efprit, l'œil eft mort, & ne voit en quelque forte rien de ce qu'il voit. Sans l'œil, l'efprit eft inutile ; & fes vues ne fervent de rien, ne fe rapportent pas à l'état préfent des affaires

& du vrai théatre de la guerre. D'un coup d'œil, un général habile reconnoît son terrein, connoît ses avantages & ses désavantages, voit l'usage des forces qu'il a entre les mains; & d'un coup d'esprit, s'il est permis de parler ainsi, il choisit ce terrein, y distribue ses forces, en saisit les avantages, en corrige les désavantages, en fait le théatre de ses exploits & de sa gloire.

Les grands hommes sont quelquefois sujets à précipiter les démarches; les démonstrations, les preuves sont souvent pour eux des formalités insipides, à quoi ils ne daignent point s'arrêter; leur génie leur tient lieu de tout cela; &, sans autre préparation, on les voit ordinairement commencer un peu plus haut que les autres n'ont fini.

— Le calcul émousse toujours le génie : or c'est le génie qui fait les véritables découvertes ; le calcul, à la vérité, facilite les choses, & aide à développer, à étendre, à épuiser ce qu'on a déja trouvé ; mais il y a beaucoup de méchanique à tout cela ; & pour ce qui s'appelle découvrir, il faut voir & pénétrer ; ce qui est l'affaire du génie : je compare le calcul & le génie d'un côté, avec les yeux & les mains de l'autre : dans les ténebres, on s'assure des choses en les touchant, en tâtonnant ; on est sûr qu'on les tient ; & on ne laisse pas d'en discerner quelques propriétés superficielles ; mais c'est-là le discernement

ment des aveugles. Les yeux & la lumiere conduisent les Colombs au-delà des colomnes d'Hercule, & jusqu'au bout de l'univers.

Du Génie philosophe.

Un génie philosophe n'est étonné de rien. Il a tout prévu, il s'attend à tout, il voit l'effet dans sa cause ; on n'admire, on ne craint que ce que l'on ne comprend pas. Horace dépeint parfaitement ce philosophe, lorsqu'il dit : *Si fractus illabatur orbis, impavidum ferient ruinæ* ; la chute de l'univers l'écraseroit sans l'étonner. C'est-là le vrai philosophe ; tous les autres ne sont que des discoureurs & de beaux esprits. Qu'on trouve un exemple de philosophie pareil à celui d'un de nos généraux, qui dans le fort d'une bataille demande une prise de tabac à un de ses lieutenans, & qui voyant celui-ci emporté d'un boulet de canon dans le moment qu'il lui présentoit sa tabatiere, se tourne froidement de l'autre côté, & dit à un autre officier : Ce sera donc vous qui m'en donnerez, puisqu'il a emporté la tabatiere avec lui.

DE L'ESPRIT.

ON vante tous les jours l'étendue & la rapidité de l'esprit humain, qui, dans un instant, embrasse ou parcourt les plus vastes espaces ; mais c'est la mémoire, qui mérite cet éloge : elle repasse en un instant ce que l'esprit n'a découvert que dans des milliers d'années. Je puis, dans ce moment, me représenter une infinité de choses qu'on a trouvées ; mais à peine, en toute ma vie, puis-je me flater d'ébaucher une vérité toute neuve, ou d'ajoûter un degré de vraisemblance à celle qui en a déja plusieurs.

L'esprit d'invention & l'esprit de détail sont deux sortes d'esprits assez inalliables ; tel qui découvre une carriere, n'est pas toujours propre à l'épuiser : les sçavans ont un style sçavant, quoi qu'ils fassent ; sont-ils même à portée de sentir la foiblesse des autres, & de s'y proportionner ? Placés dans un grand jour, voient-ils les ténebres qui régnent ailleurs ? Leur génie leur sert le plus souvent de preuve & de démonstration. Ils supposent que tout le monde doit voir ce qu'ils voient si bien eux-mêmes : s'ils sont coupables à l'égard de leurs lecteurs, c'est d'en avoir trop bonne idée ; il n'appartient qu'à un esprit du commun, de se défier du commun des esprits, & de s'y bien proportionner ; ce n'a pas été un trait de prudence dans Descartes, d'avertir, en commençant sa géométrie, qu'il alloit le prendre sur le haut ton : une science de génie ne donne point de prise à la réflexion ; on ne s'apperçoit pas de ce qui est bien naturel.

On cite ici Descartes, parce que c'est lui qui a donné le premier signal aux auteurs de se relever ainsi sur des échasses ; non pas, après tout, que bien des gens qui s'en sont mêlés eussent les mêmes droits que lui, de faire acheter leurs pensées, de la peine de les deviner ; mais les exemples des grands maîtres sont toujours contagieux : ainsi l'on a vu, depuis ce temps-là, mille interpretes des pensées d'autrui affecter l'indépendance, & s'ériger en originaux.

L'esprit est un miroir : c'est-là son vrai point de comparaison ;

le propre & spécifique caractère du miroir est, sans aucune trace physique & corporelle, de représenter tous les objets quelconques, avec la même distinction qu'ils ont en eux-mêmes, sans qu'aucun de ces objets fasse obstacle à l'autre, ou nuise à sa représentation. Il y en a une raison optique, toute géométrique. Deux objets présens à un miroir, ne peuvent être représentés à un œil, que dans des points différens, ou dans un même point, par des rayons différens, les incidences des rayons étant alors sous différens angles. La différence du miroir & de l'esprit est que l'esprit est un miroir actif, qui se représente à lui-même, & que le miroir est passif & ne représente qu'à l'œil d'autrui.

Le bel esprit ne vient jamais régulièrement, qu'après le bon & le vrai esprit. Pline ne vint qu'après Cicéron ; le panégyrique de Trajan, après le *pro lege Maniliâ* ; & notre siécle, après celui des Racines, des Bossuets & des Bourdaloues.

―――――

De la Liberté.

LA liberté est le caractère distinctif des esprits, & le principal attribut de la divinité : rien n'est plus opposé que la liberté, & le méchanisme. Aussi l'on peut dire que c'est ici le dogme, contre lequel la perversité du cœur humain s'est de tout tems le plus révoltée : on compte bien des fortes d'hérésies, d'athéismes, de dogmes impies ; mais on n'en trouve qu'un exemple, où l'on ait trop donné à la liberté : encore même n'a-t-il jamais été fort contagieux, ni d'une fecte fort étendue, ni fort durable. Au lieu que la premiere victime de la plûpart des fyftêmes impies, ç'a été la liberté ; car pour ne point parler des héréfies qui se sont élevées dans le sein du chriftianifme & pour ne point fortir des bornes de la philofophie ; le fatalifme de l'idolatrie, & de prefque toute la philofophie ancienne, & le méchanifme de Spinofa, & d'une grande partie de la philofophie moderne, ont également détruit la liberté & la divinité.

DE LA VERITÉ.

Tous les esprits ne sont pas faits pour goûter d'abord une vérité qui se présente à eux pour la premiere fois. Ils commencent par contredire ; mais ces contradictions mêmes les engagent à s'y rendre plus attentifs, & , avec le temps & le secours d'autrui, à la goûter & à l'adopter. Il faut, dans un jour d'hiver, que les brouillards & les nuages devancent le lever du soleil. J'ai connu des esprits qui n'ont jamais admis une vérité, qu'après avoir épuisé toutes les ressources de l'erreur contraire. Ce n'est qu'en dissipant peu-à-peu les nuages, que leurs yeux se disposent à soutenir un éclat qui les éblouit de ses premiers rayons.

B v.

DE LA SOCIETÉ.

LE péché d'Adam n'est venu que de ce qu'Eve, formée pour vivre en société avec Adam seul, entra en société de raisonnement, de philosophie & de théologie avec les bêtes, avec la plus méchante de toutes, avec le Serpent. Le Serpent étoit le Démon sans doute, & n'en étoit pas moins bête pour cela, aux yeux d'Eve au moins, qui en fut pourtant la bête ce jour-là, tant les bêtes peuvent déniaiser les hommes.

Est-ce que la société, la nôtre comme toute autre, ne nous délivre pas & tous ceux qui nous font l'honneur de vivre avec nous, de nos miseres communes ? Elle nous donne des laboureurs, des moissonneurs, des meûniers, des boulangers ; & nous avons du pain en étendant la main : car elle nous donne aussi de l'argent pour en acheter. Elle nous donne des tailleurs qui nous habillent, des cordonniers qui nous chauffent, des marchands de toutes fortes, des médecins, des hôpitaux, des prêtres qui nous baptisent, nous prêchent, nous absolvent, nous enterrent & nous menent en paradis, comme par la main. Toute la société travaille pour chaque individu. Chaque métier & chaque art demande trente mains, trente arts & métiers, pour nous faciliter le moindre de nos besoins. Une épingle passe par trente mains, par trente

B vj

laboratoires, avant que d'être une épingle, dont on en a cent pour un ou deux fols. Et les Sauvages en ont-ils moins de travail, de servitude & de misere, pour avoir moins de société ? Ils en ont bien davantage, puisqu'ils ont toutes celles dont nous délivre la société. Un simple petit miroir de deux liards pour nous, est pour eux un bijou qui leur coûte bien des peaux de castor, au profit de notre société. Est-ce vivre pour un homme quelconque, que de ne vivre que de gland & de racines de méchantes herbes ; que de se repaître de chair humaine ; que de n'avoir pas une misérable couverture, au milieu des frimats & des horreurs du Groënland & du Canada ; que de n'avoir que de l'eau salée à boire, comme les Esquimaux ; que de n'avoir ni foi, ni loi, ni religion, ni mœurs, ni instructions, ni connoissances, ni sciences, ni arts, ni hôpitaux, ni colléges, ni précepteurs, ni défenseurs, ni princes, ni magistrats ?

A la cour, à la ville, on prend dans la société un esprit de formalité, de discussion, de chicane, de minuties, une certaine politesse basse, rempante & efféminée, une espece de petite politique fine, & presque puérile & badine, qui roule sur de petits intérêts, pour lesquels on se passionne, on craint, on espere, on fait des projets. Les affaires ne vont pas toujours ; on délibere, & tout s'en va en manieres, en cérémonies, en mille petits riens qui amusent. On ne peut, ce semble, mieux caractériser la vie civile, qu'en difant que tous les efprits y font dans une efpece de trémouffement, ou, comme difent les philofophes, de trépidation continuelle, qui enyvre l'efprit, & le tient toujours comme abfent, & comme hors de lui-même.

A la guerre, l'éloignement où l'on eft de tout ce qu'il y a dans les villes d'efprit bourgeois & efféminé, & la nature des affaires qu'on traite, & qui ne permettent pas de trop délibérer, de s'amufer à tous ces petits jeux de manieres, qu'on nomme *politeffe*, ni à toutes ces petits rufes fubtiles & ingénieufes, qu'on nomme *politique*; on commence par faire taire fon imagination, ce qui donne le fang froid : on met à part tout bel efprit, ce qui donne l'air cavalier : enfin on laisse-là toute chicane, & on va au fait.

DE LA ROYAUTÉ.

QUAND les Juifs voulurent un roi, encore eurent-ils la sagesse de le demander à Dieu & de le recevoir de sa main. Mais de quelque façon que le peuple reçoive ou se donne un roi, un chef, c'est toujours Dieu qui le lui donne, & sur-tout qui donne à ce chef, à ce roi toute son autorité, puisque, *Omnis potestas à Deo*, & qu'absolument le peuple n'a en effet d'autre autorité, d'autre droit que d'être gouverné. C'est le peuple qui se donne un roi, un chef, sans consulter Dieu, qui eſt un uſurpateur, puiſqu'il donne une autorité qu'il n'a pas & qui ne peut venir que de Dieu; le peuple n'a droit que de préſenter. Dans la cauſe de la légitimité d'un ſouverain, le peuple n'eſt que partie & témoin tout au plus, & ne peut donc être juge : il ſeroit juge dans ſa propre cauſe. Etabliſſons l'état de la queſtion. Je ſuppoſe d'un côté un roi tyran, cruel, uſurpateur même, & conquérant, ſi l'on veut; & d'un autre côté, un peuple armé pour le dépoſſéder & s'en délivrer. Juſques-là, je ne vois qu'un grand procès & deux parties qui plaident. Au tribunal de qui, je le demande ? Or je n'y vois d'autre juge que Dieu. Le ſort des armes, la voie de fait n'eſt point une voie de droit.

Dieu n'a jamais permis qu'on le consultât les armes à la main, tout Dieu des armées qu'il est; & il permet souvent à l'injustice de prévaloir : je n'y vois, en un mot, que la patience, la fidelité, la soumission & la priere. Mais le roi est cruel, me dit-on : Mais le peuple est mutin, dirai-je à mon tour. Qu'on décide entre deux. Mais qui est-ce, encore une fois, qui décidera ? Encore ne vois-je que le roi, tranquille possesseur, qui en ait l'autorité préalable, en attendant le jugement de Dieu, auquel on est bien obligé de s'en rapporter sur la plûpart des événemens litigieux de cette vie, essentiellement équivoque & passagere. La voie des armes & de fait ne peut être un jugement de droit; il est trop à armes inégales. Dès qu'on en feroit l'affaire d'un coup de main, il est bien évident que le prince coupable ou non coupable succomberoit toujours, n'ayant qu'un bras, & ayant tous les bras contre lui. Ce feroit tenter Dieu, & lui demander un miracle, que de mettre le droit d'un prince en litige par la voie des armes. Le plus souvent cependant, dans ces sortes de querelles, royales d'un côté, & nationnales de l'autre, le roi lui-même, fût-il un tyran, ayant ses partifans & son armée, il est bien évident que c'est alors la nation contre la nation, ce qui rend le prétendu droit nationnal, équivoque & le jugement quelconque qui en refulte, encore plus litigieux. Le roi n'eût-il que dix mille hommes armés pour lui, contre cent mille hommes purement nationnaux, qui veulent le destituer ; ces dix mille hommes sont naturellement censés la plus noble & la plus saine partie, & devroient l'emporter au tribunal de Dieu & des hommes ; d'autant plus que les cent mille hommes ont toujours à leur tête un chef de révolte, qui peut, tout aussi-bien que le roi, être un tyran, & ne peut être qu'un ambitieux & un rebelle décidé.

Ce n'est, le plus souvent, que dans les républiques trop libres, trop démocratiques, comme chez les Athéniens, qu'on trouve des tyrans, des oppresseurs, des despotes au moins. Il est facile d'usurper une autorité vague, & qui flotte dans plusieurs têtes & dans plusieurs mains. Il s'y en trouve toujours quelqu'une qui tire tout à elle, & s'empare de tout. Un monarque n'a point de complices ni de rivaux, qui lui aident, ou qui l'aiguillonnent à avoir plus d'autorité qu'il n'en a, l'ayant toute au gré de son ambition, s'il est ambitieux. Non, il n'est pas tenté de l'être. Il ne peut l'être que de jouir en paix de toute l'autorité qu'il a. Il a intérêt de bien gouverner & de laisser jouir son peuple de l'honnête liberté qu'une autorité légitime laisse toujours aux sujets fideles & soumis. L'homme, & les hommes sur-tout, sont faits pour être gouvernés. Une nation, un état ne représente jamais qu'une famille, dont le pere commun est le chef naturel, toujours représenté par le prince, roi, doge, ſtadhouder quelconque, ſoit héréditaire, ſoit électif ſelon l'uſage, dont le temps les a mis en poſſeſſion. C'eſt un des malheurs auxquels la nature humaine eſt expoſée, que quelqu'un de ces maîtres gouverneurs s'en acquitte mal, qu'il ſoit mal-habile, inappliqué, méchant même. Cela eſt fâcheux, comme il eſt fâcheux d'être malade, de mourir, de ſouffrir. A cela, je ne vois que la patience.

DES FRANÇOIS.

Nous sommes la nation, je crois, la plus ancienne & la mieux conservée de l'Europe, par le bénéfice de nos rois tous François, de nos loix Saliques, & de nos mœurs de tout temps chrétiennes, depuis & avant Clovis, & presque les apôtres, mœurs Gauloises même, & les mêmes qui prirent Rome dès sa naissance, & nous cantonnerent de toute antiquité dans l'Italie Cisalpine, que nous appellons Gaule Transalpine; affront que Rome ne nous a jamais bien pardonné : car, pour s'en venger, les Romains nous définissoient militairement plus que héros au premier choc, moins que femmes au second. A quoi je prie les autres nations nos émules qui répetent tant ces deux traits, d'ajoûter ce troisieme tout historique : Que nous sommes de vrais hommes, *vrais François* au dernier choc, & que nous finissons toujours de rentrer par-là dans notre propre caractère ; témoin cette possession de la Gaule Transalpine ; nos guerres avec les Anglois, qui ont fini par les mettre hors de tout notre terrein ; la guerre de la succession d'Espagne, qui a fini par la possession de l'Espagne & des Indes.

Nous avons en divers temps donné des loix à toute l'Europe, mais jamais cependant nos propres loix, nommément jamais notre loi Salique, qui nous maintient spécialement François dans les plus petites choses. Par-tout ailleurs, les femmes pouvant régner en chef, les princes étrangers qu'elles appellent conftamment au partage de leur couronne, ne manquent jamais d'introduire de nouveaux ufages, de nouvelles mœurs, de nouveaux arts. Au lieu que nos rois, tous François, depuis Clovis, (Louis d'Outremer même) & comme pris *de gremio* & d'entre nous, loin d'altérer notre caractère, ne font que le conferver, le confirmer, le perfectionner, le perpétuer à jamais. La bonté fpéciale de nos rois nous permet l'honneur de nous regarder comme une même famille avec eux, nos peres autant que nos maîtres.

Etant ce que nous fommes, François, Gaulois, peuple tenant
le

le milieu & comme le centre local de l'Europe ; nous n'aimons point tout ce qui secoue, tout ce qui ébranle trop la machine, tout ce qui n'est que sensation en fait d'esprit & de pur amusement. Les autres nations se piquant peut-être moins que nous de société, de sentiment, de goût, de manieres, de bel esprit même, veulent être plus fortement ranimées & comme ressuscitées. C'est un mélancolique qui ne sçait rire que par éclats. Ces éclats nous épuiseroient, nous qui rions toujours. Nous serions aussi mimes & pantomimes que les Italiens, si nous pouvions être sérieux comme eux, en faisant si fort rire les autres. Mais un François qui fait rire, même à ses dépens, veut en avoir sa premiere part.

P. Castel.

ce qui évente la méche & diffipe le ris même d'autrui. Il n'en eft pas du rire, comme du pleurer. Qui pleure fait pleurer ; & plus il pleure, plus il fait pleurer. Le ris même eft médiocre chez nous, & tout d'or, tout de goût, tout de fentiment, parce que celui qui fait rire, rit toujours le premier, & réduit, *ipfo facto*, le ris d'autrui à un honnête & fimple fouris d'efprit ou du bout des levres.

Notre mobilité qui n'eft que vivacité d'efprit, de génie, de courage, confifte, fur-tout aux yeux des étrangers, dans ce goût militaire, qui nous fait, à la moindre occafion d'honneur, aller chercher, ou porter la guerre loin de nous, comme dans les Croifades, ou dans nos expéditions au fond de l'Italie ou de l'Allemagne. Il y a encore cet esprit de modes toujours changeantes, toujours renaissantes, qui nous donne un grand air de legéreté, de mobilité, de variabilité aux yeux de l'Europe rivale, qui ne nous connoît que par ce petit extérieur ; au lieu de nous voir en nous-mêmes toujours Gaulois, toujours François, toujours Saliques, toujours très-chrétiens, toujours conservant, toujours pefectionnant notre terrein, nos mœurs, nos arts, nous-mêmes. Tant pis pour ceux qui pirouettent alors au gré du mouvement qu'ils nous forcent de leur donner. Notre mobilité est active, parce qu'elle est d'esprit. Est-ce notre faute, si les autres nations s'affolent, à leurs dépens, des modes & bijouteries qui nous enrichissent en nous embellissant ; si elles s'améliorent, ou se détériorent des mauvais sujets que nous expatrions ; si elles se font Calvinistes ou Anabaptistes des erreurs que nous rejettons de notre sein ? Oui, nos erreurs même, dont nous n'avons pas été absolument les dupes à demeure, ont à demeure bouleversé bien des pays, provinces, cantons & royaumes de l'Europe. Encore feroient-elles mieux de prendre notre musique qui est si charmante.

Le François n'est pas méchant dans le fond. Il ne l'est que jusqu'au petit mot, fin, ingénieux, badin. Il n'a point cette âpreté, cette suite de malice, cette constance de ne rougir de rien. Un mot, une épigramme, un vaudeville ; il n'en sçait pas davantage contre la religion, le gouvernement, ou les mœurs.

Il est remarquable que, depuis douze cents ans que la France a pris sa consistance d'état royal & monarchique, il ne se soit pas trouvé un prince cruel ni méchant, la plûpart ayant été même spécialement bons, religieux & dignes fils ainés de l'église ; au lieu qu'il s'y est trouvé & retrouvé des peuples Albigeois, Calvinistes, ligueurs ; &, ce qui est abominable, on y a trouvé des assassins des meilleurs de nos rois.

DE LA LANGUE
Françoise.

NOTRE langue n'a comme point d'accent, si ce n'est dans les provinces éloignées, dont on se moque à Paris. Notre langue est comme l'eau, sans goût marqué, ou comme le blanc, germe de toutes les couleurs, sans être couleur lui même.

A la cour, on ne parle que pour parler : les passions couvertes, & comme anéanties, n'y ont point d'accent, de ton, d'expression. La langue n'y est qu'une langue, simple organe de l'esprit, simple interprete des pensées, jamais des passions, jamais des volontés. Ce sont les passions qui donnent aux langues leurs tons & leurs accens.

Il n'y a, du reste, que le roi qui donne le ton à la cour, & par conséquent à la langue, & par son moyen, à la France, & désormais à l'Europe, dont le françois devient la langue universelle. Or le ton de nos rois a, de tout temps, été aussi simple & modéré, qu'il est naturellement plus majestueux. La vraie grandeur n'a point de ton. L'orgueil seul a le faux ton de la grandeur. C'est depuis ce régne que l'Europe s'est livrée à notre langue, sans défiance, avec amour même.

DES ITALIENS.

CE ne sera pas moi qui ferai rougir l'Italie actuelle de la gloire des anciens Romains : je crois même la relever beaucoup, en observant que la perte de l'empire temporel de la terre lui a valu, avec usure, devant Dieu & devant les hommes chrétiens, l'empire en quelque sorte spirituel des arts.

Ce que l'Italie a fait de mieux, a été de renouveller spécialement les arts plutôt que les sciences des Grecs. Nous ne pouvons pas, nous ne devons pas le nier : les Italiens sont naturellement artistes, & les maîtres des nations dans les arts ; mais l'Italie ne doit pas nous envier la gloire d'être le premier agent libre & noble, non pas dont elle se sert, mais qui est toujours prêt à lui servir pour les répandre efficacement, moëlleusement même, gracieusement dans toute l'Europe, *fortiter & suaviter*, suivant le double caractère indivisiblement divin de la Sagesse éternelle. Qu'ils en soient la force, nous en sommes au moins la suavité : elle peut convaincre, nous persuadons. Que la musique Grecque ait fait danser arbres & rochers, il faut de la suavité pour faire danser les hommes.

Les Italiens naissent en quelque sorte musiciens; comme poëtes, peintres, artistes, *nascuntur poetæ*. Nous le devenons comme les orateurs, *fiunt oratores* ; non, encore une fois, que nous, & les

Anglois, & les Allemands, & les Espagnols, n'ayons du génie, & le génie même de tout cela. Seulement nous n'en avons pas le naturel, la seconde nature au moins : cette nature habituelle qui fait que les premiers regards d'un enfant venant au monde, les premiers coups d'œil, les premiers coups d'oreille, les premiers actes de tous les sens, & non seulement les premiers, mais la répétition continuée & instantanée de toute l'enfance, de toute la jeunesse, de toute la vie, donne & inculque la peinture, la musique, les arts. Les Italiens vivent dans l'élément même de la musique. Nous vivons dans la musique même.

Nous sommes plus sçavans, plus érudits que les Italiens, mais d'une science toujours bornée, toujours demi-science qui nous possede, qui nous obsede, & nous rend tout entrepris & timides à l'excès.

L'Italien, plus artiste que sçavant, manie sa science comme despotiquement & en maître absolu. Il a plus d'expérience, d'habitude, de routine que nous. Il est plus homme du métier. Nous sommes docteurs, professeurs : il est maître ès-arts. Nous pouvons parler, discourir, dogmatiser : il peut agir & exécuter. Il est forgeron à force de forger. Nous nous pressons trop de nous croire compositeurs. L'Italien l'est, avant que de composer, à forfait, ou de commande.

L'Italien sent sa consommation, sa possession, sa vraie capacité;

& il s'y livre avec confiance, sans héfiter. Nous fçavons de mémoire : il fçait de génie, de tête. L'école de l'Italien fait des maîtres. Nos maîtrifes ne font que des écoliers. Il faut au François un génie fupérieur pour prendre le deffus de fa fcience & fe défentraver de fes régles. Un génie ordinaire fuffit à l'Italien pour exceller.

Les Italiens peignent plus que nous, finon mieux ; & ils parlent, comme on dit, la bouche ouverte, plus que nous qui ne parlons qu'à demi-mot, & du bout des levres, comme nous rions en fimple fouris. La touche Italienne eft plus forte, plus hardie, plus grande, comme leur coup d'archet. Leur peinture, leur mufique, leur déclamation est d'appareil, théatrale, colossale presque. Notre musique est plus de commerce & d'un usage plus journalier. Nous manions mieux les passions ordinaires. Dans le médiocre, nous sommes excellens. L'Italien est admirable, par-tout où il faut forcer d'expression.

―――――――――――

DES GRECS.

LEs Grecs avoient commencé par les arts qu'ils avoient pris des Egyptiens & des Phéniciens ; au lieu qu'ils étoient les inventeurs propres des sciences qui n'étoient venues qu'après coup, dans l'oisiveté spéculative de leurs arts républicains & politiques, tournés, comme tout le reste, en bel esprit. La spéculation étoit chez eux réguliérement venue à la suite de la pratique. Ils étoient sortis méthodiquement, & pas à pas, de la barbarie. De l'usage, de l'habitude, ils étoient remontés à la régle, au précepte, & de la régle au principe. Le métier les avoit menés à l'art, l'art à la science. Ils avoient commencé par la sensation ; ils l'avoient aiguisée, rafinée en sentiment : ils avoient quintessencié le sentiment en idée claire, nette & précise, qui est le plus haut point de la connoissance humaine.

DES SAUVAGES.

Les sauvages du Canada, ou d'ailleurs, forment de vraies sociétés, sous des noms nationnaux d'*Iroquois*, de *Hurons*, d'*Algonquins*, &c. Or tous ces gens-là vivant ensemble & en commun, en communauté de langue, de pensées, de sentimens, d'affections, de connoissances, de besoins, d'intérêts, de guerre, de paix, de pêche, de labour, de chasse, &c. ne peuvent manquer d'avoir & ont bien sûrement des loix & un gouvernement politique, moral, œconomique & civil, qui n'est ni despotisme ni monarchie, ni république ; mais naturalisme ou plutôt moralisme pur, pure loi naturelle, purs sentimens naturels, & n'est pas même pure liberté, si ce n'est honnête, humaine & assujettie aux loix de la conscience & de la raison. Ils n'ont ni rois, ni princes, ni magistrats en titre ; mais équivalemment ils ont pourtant des chefs & des gouverneurs, ne fût-ce que les chefs de famille & les anciens, vrais peres conscrits de toutes les familles, de tous les villages, de toutes les peuplades, de toute une nation. En guerre, ils se donnent des capitaines qui n'ont presque droit que de ralliment & de marcher aux coups les premiers, & tout au plus, la premiere part au butin. Ils n'ont point de ministere ni de conseils d'état. Mais les plus sages, les plus expérimentés, les plus illuſtres par leurs hauts faits, & ſur-tout les plus anciens, s'aſſemblent & jugent en commun de la guerre ou de la paix, & du bien ou du mal de tous. Point d'autres loix que la raiſon, l'honneur, la conſcience, & une certaine tradition de mœurs & d'uſages, dont ils ne ſe départent pas facilement. Je veux bien y ajoûter la liberté, comme une loi ſacrée, dont ils ne ſe départent guères non plus, dont il leur eſt même permis d'abuſer; je dis d'abuſer, au préjudice des autres loix de raiſon, d'honneur & de conſcience: car ils en connoiſſent fort bien l'abus, reconnoiſſent le vice, & ſçavent bien qu'elle doit être ſubordonnée aux autres loix de devoir naturel & divin. S'en écarte qui veut de ce devoir & de tous les devoirs de la société ; réellement ils n'ont point de voie, ni de loi de coaction, de contrainte, soit pour punir les réfractaires, soit pour les contenir dans le devoir. Ils ont bien des récompenses d'honneur, de butin, de nourriture, mais nulle sorte de peine afflictive pour les enfans même. Par exemple, ils instruisent les enfans, mais ne les châtient jamais ; & les missionnaires n'ont jamais pu leur faire que de catéchismes, des exhortations ; des sermons, & jamais des classes en régle, jamais des maisons de pensionnaires, jamais des colléges. Des missionnaires tant qu'on veut, jamais des maîtres : chérissant du reste ces missionnaires comme des peres, comme des sauveurs, jamais comme des chefs ou des législateurs. Ils reconnoissent la croix, l'adorent, l'embrassent, la portent, la suivent & lui obéissent. Nul sceptre ne les tente de commander ni d'obéir. Par exemple encore, une jeune fille introduira la nuit dans la cabane de son pere quelqu'un qu'elle aime ; cela est rare ; & là, on se cache de tout cela, comme ici, par pudeur, par honneur ; mais là, comme ici, il y a gens qui ne rougissent qu'en public. Le pere, la mere, les freres lui diront : *Ma fille, ma sœur, tu as tort, tu nous deshonores, tu ne trouveras point de mari.* On le lui dira, mais on ne fera que le lui dire ; & si elle s'en moque, personne ne s'en formalisera plus que cela. Quand ils ont un mauvais sujet, quelqu'un s'enyvre & va le tuer; difant enfuite que ce n'eft pas lui, mais le vin qui l'a tué; & toute autre forte d'homicide coupable, s'excufe, en difant : Ce n'eft pas moi ; mais *c'eft ma tête qui étoit faite comme cela un tel jour* ; & l'homicide eft impuni. Autre exemple bien remarquable. Un village, une nation vient de faire la paix en régle, & par un vrai traité avec une autre nation. Ce traité, le plus folemnel, accompagné de fermens, de gages, d'ôtages, de préfens, ne plaît pas à tout le monde, ne fût-ce qu'à un feul étourdi de 25, 30, ou 35 ans. Celui-ci dit à tous ceux qui ont fait le traité, qu'ils n'ont rien fait qui vaille, que ce traité n'eft pas de valeur, qu'il va le rompre par quelque acte d'hoftilité. Tu as tort, mon frere, lui dit-on, tu nous feras une mauvaise affaire. On lui dit cela, mais on le laisse faire. Il part, va couper une chevelure ennemie, en apporte le trophée dans la cabane du conseil en riant, en se moquant des anciens assemblés. On le blâme, point plus fort que ci-devant; & on ne pense plus qu'à soutenir cette nouvelle guerre, ou à la prévenir par des présens ou des soumissions faites à la nation que cet étourdi vient d'armer de nouveau. Voilà ce que j'ai pris la liberté de remontrer, il y a cinq ou six ans, à M. de Montesquieu. Comme c'étoit la plus belle ame, la plus candide, la plus aimant le vrai que j'aie connue, sur-tout en fait de religion, qu'il avouoit ne pas connoître affez ; il convint, dans le moment, que fon énumeration politique, œconomique, légifpérite ou civile étoit imparfaite, & que cette forte de gouvernement, purement naturel (phyfico-moral comme l'homme) qui a cours dans tout un monde plus grand que le nôtre, valoit bien la peine de former une quatrieme claffe dans fon *Efprit des loix* ; je croirois même, que ce feroit dans cette claffe qu'on pourroit mieux retrouver l'efprit de toutes les loix pofitives, fimplement ajoûtées, dans tous les gouvernemens, à la loi naturelle, qui eft la bafe & l'efprit de tout.

Les guerres & les batailles des Sauvages font bien pires que les nôtres. Les nôtres peuvent être contre l'humanité en général ;

les leurs contre les hommes en détail, & d'homme à homme. Quand la France eſt en guerre contre l'Europe entiere, que ſa jalouſie réunit contre nous, il part de ce royaume, tous les ans, dix ou vingt mille hommes de recrue, dont, dans une campagne, il peut en périr la moitié. Mais le gros de la France, le corps de la nation n'en eſt comme point offenſé; & la moitié de ce qui y périt, auroit pu périr ſans cela. Qu'une nation Sauvage ſoit en guerre, c'eſt la guerre de toute la nation; les femmes y menent leurs enfans à la ſuite des hommes. Leurs batailles ne ſont que de deux ou trois cents hommes; mais c'eſt toute la nation qui y périt. Depuis douze cents ans, que la France, comme royaume, fait la guerre en France, en Flandre, en Allemagne, en Italie, à Constantinople, à Jérusalem, à Damiete, à Tripoli, en Espagne, &c. la France est à-peu-près aujourd'hui ce qu'elle étoit au temps de Clovis ; au lieu que toutes les nations sauvages de l'Amérique, Algonquins, Iroquois, Hurons, &c. se sont comme toutes détruites, y en ayant plusieurs dont il ne reste plus de vestige. Nos guerres se font en régle & ne vont jamais à la destruction d'une nation entiere, ni à la moitié. Un ennemi désarmé n'est plus notre ennemi. Or c'est-là que commence la guerre du Sauvage: un ennemi sans armes, excite toute leur fureur. Ils le saisissent, le garrotent jusqu'à lui ôter la respiration. Ils lui

lui arrachent la chevelure, cernant la peau du crâne tout-autour, pour lever tous les cheveux à la fois, ce qui est un grand trophée pour eux. Ce n'est encore rien : on le promene dans tous les villages, hameaux & cabanes, où, jusqu'aux femmes & aux enfans, chacun a droit de lui arracher un ongle, couper un doigt du pied, de la main, de l'assommer de coups. Ainsi mutilé, on le brûle, on le grille, on le rôtit, on le mange piéce à piéce & en détail. Le comble des horreurs ! On le fait chanter ; & il chante, tandis qu'il a le pied ou la main dans le feu. Le beau est, même en cet état, de se moquer de ses bourreaux, de les exciter, de leur dire que si on les tenoit, on leur feroit pis. On chante, on rit, on fume une pipe. Le premier venu, un enfant, une femme, approche du patient, lui coupe un doigt, le met dans la pipe, & le patient rit, fume fon doigt, fût-ce même fon œil, dont il trouve le parfum délicieux. Oh! pour le coup, voilà le Sauvage bête brute, dont M. Rouffeau envie la noble liberté ! Je croirois offenfer Dieu, fi j'ajoûtois que je la lui fouhaite.

DE LA GLOIRE.

EN vain, par des statues, des colonnes, des inscriptions en marbre, nous prétendons fixer sur la terre l'ombre de notre gloire. Quelle gloire que celle dont la matière la plus brute & la plus grossière est la portion la plus solide & la plus durable ? Mais le temps entraîne tout ; notre gloire succombe sous son propre poids ; poids méchanique dont je ne vois pas comment la vanité se laisse éblouir : reconnoissons la grandeur de Dieu, & notre foiblesse ; c'est sur les parties de la terre, que nous gravons les traits de notre grandeur : les parties ne résistent que par leur dureté : elle est passagere ; il n'y a de perpétuité que pour la terre entiere & les astres entiers ; aussi est-ce à eux que le Très-haut a confié le soin de publier sa gloire.

Les éclats des trompettes de la renommée, qui assurent la gloire & l'immortalité aux héros, sont des coups de massue, qui annoncent la honte, la mort, & l'oubli à leurs rivaux ou à leurs émules,

DE L'ORGUEIL.

L'ORGUEIL cynique est le péché capital du péché capital de l'orgueil ordinaire. Le crasseux Diogene, dans son tonneau plein de lie & d'ordure, méprisa plus Alexandre, qui l'y honoroit d'une visite, comme à la bête du jour, qu'Alexandre ne méprisoit l'univers, rois & peuples à qui il imposoit silence par-tout, dans le sein de sa gloire, & dans tout le brillant de son courage victorieux & conquérant.

DE NOTRE SIECLE.

IL est heureux pour le siécle où nous vivons, & glorieux pour le régne pacifique, sous le ministere duquel nous cultivons les sciences & les arts, de voir éclore, avec une sorte de profusion, un nombre de découvertes & de nouvelles inventions, que le siécle précédent pourroit envier à celui-ci. Soyons équitables, & ne passons jamais les bornes de l'histoire, dans l'éloge même.

Cette espece de mouvement tonique & vital, que Louis XIV, après François I, avoit donné à toutes les parties de la littérature spéculative & pratique, a dû naturellement produire des développemens succesfifs, plus ou moins lents dans les unes & dans les autres. Les belles lettres, les beaux arts, toutes les affaires d'esprit, de goût, de sentiment, d'imagination ont dû, par cette premiere impulsion, recevoir tout-d'un-coup, ou assez vîte, leur perfection.

Ce sont-là des fleurs qui précedent régulièrement les fruits, les sciences profondes, les arts solides, les inventions raisonnées, les découvertes étendues. Et le siécle de Louis le Grand a été en ce genre, & dans le sens le plus avantageux, le régne des fleurs, sans en exclure cependant un mêlange de fruits exquis : car il y en a pour toutes les saisons ; & souvent le même arbre porte des fleurs & des fruits en même temps. Le siécle de François I, d'ailleurs, n'avoit pas laissé, par des fleurs précoces, de préparer des fruits pour celui qui vient de préparer lui-même ceux que nous recueillons aujourd'hui avec cette abondance.

Les fleurs sont passageres. L'idée d'un printemps éternel n'est qu'une idée. Les littérateurs de nos jours, car chaque saison a aussi ses fleuristes & ses fleurs, se plaignent eux-mêmes de la rapidité avec laquelle leur régne, le régne du bon goût, du bon style est passé. Ce goût & ce style sont changés; nous voulons bien en convenir, sans en prendre droit cependant d'insulter ou de porter compassion à notre siécle, comme le font ceux qui ne connoissent, ou n'aiment que cela.

Il ne faut point difputer des goûts. Mais enfin, celui des chofes nous paroît avoir, de droit comme de fait, fuccédé à celui des paroles; celui du vrai à celui du beau; celui du beau même, du bon, de l'utile, à celui du fpécieux, du brillant, du fimple agréable. Le ftyle s'eft hériffé, fi l'on veut, mais nourri de termes fçavans, lumineux, expreffifs. La langue a pris des licences; mais elle s'eft enrichie de doctrine & d'idées. Les noms propres, devenus plus abondans, nous difpenfent de ce jargon vague & métaphorique, qui ne fait que flater l'oreille, fans pénétrer jufqu'à l'efprit.

L'efprit de la philofophie & de la géométrie, pourquoi le diffimuler? a un peu étouffé celui de la poësie. Nous parlons histoire, & histoire vivante. Tel qui, sur le théatre, pourroit briller à côté de Racine & de Corneille, au-dessus de ses contemporains, préfere, à la suite de Descartes ou de Newton, le second rang de la science au premier rang du bel esprit.

Des Jugemens des Hommes.

Tout a été nié, sans doute afin que tout fût prouvé. Voilà comme les hommes sont faits : ils nient tout par provision. Faites-les parler, vous verrez qu'ils nient leur idée plutôt que la vôtre, & que quand ils taxent une chose d'erreur ou de chimere, ils ne parlent que de l'erreur & de la chimere que la vérité de votre propofition réveille dans leur efprit ; comme, lorfqu'ils traitent quelque chofe d'impoffible, ils ne veulent dire autre chofe, fi ce n'eft qu'elle eft impoffible pour eux ; chofe fur laquelle je fuis bien réfolu à n'avoir deformais nul démêlé avec perfonne, chacun étant juge exact, quoi qu'on en dife, dans fa propre caufe ; je dis juge pour juger, & non pour prononcer.

DES DÉCOUVERTES.

LA plûpart des découvertes n'honorent guères un auteur, que lorsqu'il est mort ; c'est-à-dire, souvent après lui avoir avancé la mort par les chagrins & les travaux qu'elles lui ont procurés de la part des contradicteurs ; témoin presque tout ce qu'il y a eu de grands hommes, à la réserve du célebre M. Newton, à qui sa nation a sçu rendre de bonne heure toute la justice qu'il méritoit.

Rien de nouveau, c'est-à-dire, de tout-à-fait nouveau sous le soleil, je le sçais, & je le répete souvent. Lors donc qu'on veut critiquer une nouvelle inven-

DES DÉCOUVERTES. 85
tion, on a toujours beau jeu, n'y en ayant aucune qui ne soit comme un fruit semé de longue main, & dont les premiers traits n'ayent préexistés long-temps avant sa récolte : car une découverte, une grande découverte ; celle d'une science, celle d'un art nouveau est une récolte, une moisson. Ceux qui la traitent de création, plus grammairiens que philosophes, ignorent que tout s'achete dans ce monde, au prix du plus pénible travail, & que cet arrêt divin, *in sudore vultûs tui*, &c. regarde la culture de l'esprit, autant ou plus que celle de la terre.

Ainsi, comme l'honneur m'a toujours paru préférable à la gloire, l'un étant de devoir rigoureux, l'autre de conseil seulement, dès qu'il se présente quelque nouveauté, qui peut, dans le public, prendre un air de découverte, je regarde autour de moi, & je tâche à reconnoître d'où part le trait de lumiere, qui a rayonné dans mon esprit sur ce nouvel objet de mon attention; & je n'ai ensuite rien de plus pressé que le déclarer, quelque abus que je prévoie qu'on en doive faire.

Une découverte est un microscope, qui rend visibles mille objets qu'on avoit sous les yeux, & qu'on croit avoir toujours vus, parce qu'on voit nettement qu'on les avoit sous les yeux.

Jamais une découverte n'est qu'une addition à celles de nos prédécesseurs. Ils ont vu ce que nous voyons; mais ils ne l'ont vu que jusqu'à un certain point,

& nous étendons un peu plus loin notre vue. Il y a tant de démarches à faire, avant que, des ténebres on arrive au grand jour. D'abord c'eſt une lueur, enſuite une poſſibilité, puis une conjecture, avec le temps une vraiſemblance, une vérité, une évidence, une preuve, une démonſtration, un axiome ; & tous ces degrés ont leurs nuances & leurs degrés intermédiaires, qu'il faut réguliérement monter l'un après l'autre, avant que d'arriver au faîte.

Toute la différence qu'il y a entre un génie ſublime & un eſprit du commun, c'eſt que celui-là accélere un peu plus les progrès, & qu'à ſon arrivée, pluſieurs vérités ſe trouvent comme inveſties d'un grand jour, qui les fait paroître ce qu'elles font, non pas qu'elles fuſſent auparavant enſevelies dans des ténebres parfaites ; mais elles étoient comme ſi elles n'étoient pas : on ne les voyoit pas ; ou ſi on les voyoit, on ne les obſervoit pas : on n'en connoiſſoit pas l'importance ou l'uſage. L'auteur qui les avoit fait naître, n'avoit pu leur donner un certain éclat ; ſouvent il les avoit placées dans un faux jour, les avoit préſentées d'un mauvais côté ; que ſçais-je ? Une découverte naiſſante eſt toujours pour long-temps, bien avant dans le néant d'où elle ſort. Et voilà ce qui nous fait voir l'injuſtice & la malignité de la plûpart de ces accuſations de plagiariſme, qu'on intente aux plus célebres auteurs : car on laiſſe les auteurs médio-

Des Découvertes. 89

eres jouir de leur médiocrité ; on les laisse saffer & ressaffer, mâcher & remâcher les pensées & les expressions les plus communes ; à peine s'apperçoit-on que d'autres ayent pensé ou parlé comme eux.

Mais dès qu'un Descartes paroît, on crie de tous côtés : *Au plagiaire.* On trouve que ceux qui l'ont précédé ont tout dit. Et oui, sans doute, ils ont tout dit ; mais il leur manquoit un commentateur comme Descartes, pour faire paroître qu'ils avoient tout dit. Ils avoient tout dit en cachette, & celui-ci le prêche sur les toits. Mais d'où vient, qu'avant Descartes ils avoient tout dit inutilement, & que maintenant on en connoît l'utilité ? D'où vient que de toutes ces belles choses, un tel

& un tel n'avoient fait qu'un infipide commentaire, que les vers rongent dans la poudre d'une bibliotheque, & que celui-ci en fait un fyftême qui faifit tous les efprits ? Telle eft la marque d'un génie fupérieur & d'une grande découverte.

Une autre marque, c'eft qu'un génie fupérieur ajoûte toujours à ce qu'il emprunte d'ailleurs ; & ce n'eft que par-là en effet, qu'il s'éleve au-deffus de ceux de qui il emprunte. Ce que ceux-ci avoient dit, étoit bien ; mais il y manquoit quelque chofe pour le mettre au niveau des vérités & des découvertes : car une demi-vérité eft fouvent une erreur ; & fouvent les diverfes parties qui compofent un fyftême, ont befoin d'être réunies, & du

Des Découvertes. 91
jour mutuel qu'elles se prêtent pour paroître ce qu'elles sont. C'est sur-tout par le total du système, que les génies originaux se distinguent du vulgaire : l'esprit du vulgaire est un esprit de détail.

Dès-là qu'une découverte est faite, elle n'est pas faite pour tout le monde ; il faut bien du temps, avant que chacun se l'approprie par son propre génie : répétitions, commentaires, rien n'y est inutile. Or jusqu'à ce que cette appropriation devienne universelle, & comme héréditaire de siécle en siécle, sans contestation ni opposition, celui qui en a rendu publics le droit & l'usage, est forcé de s'en tenir-là ; non pas qu'il ne fût bien en état de pousser plus loin de lui-même, & que son génie ne l'aiguillonne sans cesse à de nouvelles découvertes ; mais les bornes de son siécle, les nuages que ses premiers rayons élevent, le petit génie, la malice, l'envie, tout ce qui n'est pas lui-même, l'empêche de prendre un nouvel essor.

Combien de fois n'arrive-t-il pas qu'une découverte ne perce le brouillard, que pour s'ensevelir dans le nuage ? D'abord elle n'avoit que l'ignorance à combattre ; & desormais c'est la science même qui la proscrit. Après un premier ouvrage un peu original, rarement voit-on les plus sublimes génies passer à un second ouvrage de la même force : ils en seroient d'autant plus capables, qu'ils sont plus exercés, & qu'ils sont dans la carriere, en action même de courir ; mais on les arrête, on les amuse, on ralentit leur feu ; réponses, éclaircissemens, défenses, apologies : que n'exige-t-on pas ? Il suffit de ne pas les entendre, pour avoir droit de borner leurs progrès. Il faut même l'avouer ; il y a toujours bien à défricher dans un pays nouvellement découvert ; il y a bien à suppléer, à refondre, à discerner dans une nouvelle découverte. En un mot, tout ce qui se fait dans le temps, se fait avec le temps ; & l'on ne passe point d'une extrémité à l'autre, sans passer par le milieu.

DES NOUVEAUTÉS.

LES hommes naturellement n'aiment pas la nouveauté ; je parle d'une vraie nouveauté qui ne s'enchaîne pas de près avec les choses anciennes de même genre : par exemple, le système de Descartes a été, dans sa primeur, pendant vingt, trente & quarante ans, rejetté, critiqué, moqué, bafoué, sifflé. L'auteur n'a jamais eu la satisfaction de le voir, de son vivant, adopté de personne qui l'entendît : *Descartes qui est mort*, disoit le sçavant, l'érudit Naudé, *Descartes qui est mort à Stockholm, étoit un homme de mauvaise mine.... Il avoit bien des visions dans la tête, qui sont mortes avec lui.* Ce que difoit Naudé, tous les fçavans du temps, & fur-tout les fçavans, le difoient comme lui. Remarquons même *la mauvaife mine* qui ne faifoit rien au fait, mais que l'antipathie des nouveautés ne manquoit pas de relever. C'étoit jaloufie de fçavans, dira-t-on ? cela ou autre chofe, peu importe : la jaloufie, dit-on, ne meurt pas ; & c'eft la nouveauté, fur-tout, qui eft fon objet.

Je pourrois citer mille autres exemples, & faire voir que nulle nouveauté n'a paffé fans contradiction & fans les plus vives contradictions, perpétuées pendant les dix, les vingt, les cinquante, les cent ans ; je dis les nouveautés les plus indifférentes, les plus permifes, les plus utiles.

La découverte des Indes orientales, quoique faite par un prince, le prince Henri, le frere du roi régnant alors en Portugal, excita plus de tempêtes contre lui, parmi les esprits, qu'il n'en eut à essuyer dans des mers jusqu'alors inconnues. On sçait les contradictions qui mirent cent fois à deux doigts de sa perte le fameux Christophe Colomb, auteur de la découverte des Indes occidentales, & de tous les thrésors de l'Espagne & de l'Europe. Je ne dis rien de la découverte des Antipodes, de celle des habitans de la Zone-Torride, & de mille autres. Le fait de Descartes me suffit, parce qu'il est connu, & qu'il dit quelque chose pour ceux qui en sçavent le détail.

On craint tout ce qu'on ne connoît

DES NOUVEAUTÉS. 97
connoît pas, tout ce qu'on n'a pas éprouvé. On aime mieux ne rien hazarder. Et puis on s'estime un peu, & l'on s'aime beaucoup. On croit connoître tout ce qu'il y a de bien autour de foi : on ne veut pas fé voir donner la loi par la fcience d'autrui ; chacun fe croit bon, pour donner le ton & des leçons à d'autres. C'eft bien à un nouveau venu de dire : Cela eft bel ou bon. On l'a vu naître, ou on ne fçait d'où il vient. On ne veut pas que la moitié de la vie donne un fot démenti à l'autre moitié; on auroit donc été jufques-là dans l'erreur ou dans l'ignorance ?

Toute nouveauté jette dans un cercle vicieux : car, pour goûter on veut connoître ; & pour connoître, il faut goûter. On aime

P. Caftel. E

mieux s'en paſſer, & ſe contenter de ce qu'on connoît. Car il y a des choſes qui demanderoient à être goûtées à loiſir & ſouvent, pour être connues & goûtées en effet. Ce ſont des goûts cachés, éloignés, mauvais en apparence. Comment s'y prêteroit-on ? Tandis que nous voyons la plûpart des eſprits revêches ſe refuſer aux plus ſimples nouveautés, qui ne demanderoient qu'un coup d'œil, un coup de langue, la plus petite épreuve, pour être reconnues bonnes, & pour être goûtées. Les nouveautés ſpéculatives, ou purement ſpirituelles au moins, pourquoi s'y refuſeroit-on ? C'eſt un fait ; on s'y refuſe. L'eſprit a ſes intérêts comme le corps ; ce ſont même les plus vifs. Mais quel intérêt ? & que fait à cette ame, qu'il y ait des Antipodes ? que la Zone-Torride soit habitée ? que l'Amérique soit un continent ou non ? que Descartes ait tort ou raison ? S'il a tort, tant pis pour lui ; s'il a raison, tant mieux pour nous. Ce que cela fait à cette ame ? 1° Elle n'en sçait rien ; & précisement parce qu'elle n'en sçait rien, elle va rejetter, disputer, critiquer, railler, mordre, déchirer, calomnier, poursuivre à feu & à sang, &c. 2° Elle imagine que cela lui fait quelque chose ; car chacun se croit un centre de tout ; & de quels sots préjugés n'est-on pas capable, à cet égard, depuis qu'on a cru que si la terre tournoit, les oiseaux ne retrouveroient plus leur nid, ni nous le nôtre ? Des Antipodes, bon Dieu ! la tête en bas, les pieds en haut : on va tomber vers le ciel ; & cet *on*, c'eſt nous : car nous ſommes auſſi Antipodes des Antipodes. Et s'il y a une Amérique & des Sauvages que nous allions conquérir, demain ces Sauvages brutaux & antrhopophages viendront nous conquérir & nous manger, &c. Dans toute nouveauté, de quelque eſpece qu'elle puiſſe être, il y a toujours la partie du mal-entendu & celle de l'imagination, qui tiennent long-temps en échec les plus utiles inventions. Il n'y a que la religion où les nouveautés ſoient poſitivement mauvaiſes ; & tout le monde y court.

Une nouveauté en attire une autre ; & je n'ai jamais bien compris comment on pouvoit faire une vraie découverte, ſans en faire deux, & même trois, c'est-à-dire, plusieurs. La vérité a pour le moins le privilége de l'erreur qui ne marche jamais seule, mais toujours en corps de système. Ce n'est pas à l'erreur, c'est à la vérité que le système appartient : on ne peut heurter une partie de ce système, qu'on ne les heurte toutes ; & l'erreur n'est conséquente, que par les conséquences que la vérité qu'elle combat, lui oppose & la force de méconnoître & de contredire jusqu'au bout.

De la Science.

LA vaste étendue de la science & la profondeur sont deux choses fort inalliables ; la premiere est plus flateuse pendant la vie ; l'universalité éblouit. La profondeur immortalise ; mais triste immortalité, lorsqu'on est réellement mort!

Une demi-vérité est la plûpart du temps une erreur ; & une demi-science est pire que l'ignorance.

Rien n'est mieux dit que ce que disoit un je ne sçais quel Ancien : Que ce n'est rien que de trouver la vérité, si on ne la reconnoît pour ce qu'elle est. Un coq trouve une perle dans un fumier, & il l'y laisse ; un esprit grossier ne trouve souvent la vérité, que pour la combattre & pour la défigurer : il manque à la plûpart des sçavans, de sçavoir qu'ils sçavent une chose ; faute de cette science refléchie, ils ne sçavent rien ; & on peut dire que le sçavoir n'est rien, si on ne sçait soi-même qu'on sçait les choses.

Il faut de la science, mais jusqu'à un certain point, après lequel, l'excès retombe dans les mêmes inconveniens que le manque total, ou le défaut trop grand qui tombe dans l'abus, dans la corruption. Car *corruptio optimi pessima*. Il y a donc, cela va de suite, trop de science dans le monde ; &, par-là même, il n'y en a pas assez. Car voilà les deux contradictoires qu'il faut accorder, & qui ne s'accordent que trop dans toutes les questions.

C'est des sciences, des arts & des lettres que je parle sur-tout ici. Non absolument, il n'y a point trop de science *intensivè*, comme on dit. Les sçavans ne le sont point trop. Ils ne sçauroient trop l'être. Nulle science n'a à craindre qu'en la portant trop loin, on n'en voie le bout, le foible, ni le faux. En Dieu il y a une science infinie, dont toutes nos profondeurs ne sont jamais que la surface extérieure : car Dieu n'a point de surface en lui-même, n'ayant point de borne en science ni en rien. C'est *extensivè*, comme on dit encore, qu'il y a dans le monde trop de science, c'est-à-dire, trop de sçavans, de demi-sçavans par conséquent; & voilà le mot : Les demi-sçavans font tout le mal des sciences, parce que, réputés sçavans, & se donnant eux-mêmes pour très-sçavans, pour plus sçavans même que les vrais sçavans, leur ignorance réelle enfante les préjugés, les erreurs, les hérésies, les monstres d'esprit, d'art & de science ; & tôt ou tard le Pyrrhonisme, le Déisme, l'Athéisme, qui est la somme totale des monstres & la triple chimere des esprits orgueilleux, enthousiastes, fanatiques & phrénétiques presque, qui veulent tout anéantir, arts, sciences, &c.

Il en est de la demi-science, en fait d'esprit, comme de l'hypocrisie en fait de mœurs. Le demi-sçavant n'a que le masque de la science, comme l'hypocrite a le masque de la vertu. Ils jouent l'un & l'autre, l'un la vertu, l'autre la science ; & comme l'hypocrite va au vice par le chemin de la vertu, le faux sçavant, le demi-sçavant, car c'est le même homme, va à l'ignorance par le chemin de la science. Il n'est pas nouveau de dire que *la demi-science est pire que l'ignorance. Scientia inflat.* Il faut le croire, dès que l'Ecriture le dit : absolument toutes nos sciences ne sont que des *demi-sciences* ; & c'est à ce titre de *demi-sciences*, qu'elles peuvent nous enfler. Car du reste, rien n'est plus enflé qu'un *demi-sçavant*, si ce n'est un *quart de sçavant*, qui ne le céde qu'au *demi-quart*, & celui-ci au *demi-demi-quart* ; *& sic in infinitum*, disent les philosophes géometres. Humilier les vrais sçavans, les vrais artistes, est un crime qu'on pardonne, qu'on travestit en vertu chez les *demi-sçavans*, souvent chez les sçavans même, & toujours dans un public qui aime à se dédommager des récompenses & des éloges qu'il est forcé de donner au vrai mérite, qu'il aime même à ne pas donner, ou à donner de préférence au *demi-artiste*, au *demi-sçavant*, toujours bien plus empressé à en remercier, à les demander même. Les vrais sçavans sont communément assez bonnes gens, gens même assez modestes. Ils peuvent avoir un peu de vanité. L'orgueil est pour les *demi-sçavans*, l'arrogance pour les *quarts de sçavans*, l'insolence, la rusticité, la brutalité, &c. pour la descendance de la série des *demi-quarts*, *demi-demi-quarts*, &c.

Les vrais sçavans sont retirés,

amoureux de leur cabinet, point chefs de secte, de cabale. Les demi & quarts de sçavans ont du temps de reste pour courir de cercle en cercle, de caffé en caffé, & y répandre leur Déisme, leur licence, leur mécréance, qui leur servent d'introducteur & de passe-port. Le Déisme nommément est constamment l'effet d'une demi-science, tout comme & plus encore que l'hérésie. Le Déisme & l'Hérésie sont des *demi-religions*, analogues aux *demi-sciences* qui les enfantent. Comme Dieu est par-tout, que tout est son ouvrage, & qu'il a gravé ses traits dans tous les objets de nos sciences, l'Ecriture même nous disant que la terre est pleine de la science de Dieu; un vrai sçavant voit en effet Dieu par-tout,

& est par-tout invité à le reconnoître, tantôt à l'aimer, tantôt à l'adorer. Dieu le tient toujours en respect. Le *demi-sçavant* ne fait qu'entrevoir Dieu par-tout, assez pour le craindre, l'éviter, le fuir. Il en voit par-tout le principe ; par-tout il en élude la conséquence. De toutes les questions il étudie l'objection jusqu'à la réponse exclusivement. Comme Dieu est absolument sous le voile, dans le nuage, là où commence la science de Dieu, là finit la science du demi-sçavant.

Je suis trop vrai pour ne pas dire ce que j'en pense, tout ce que j'en sçais, tout ce que l'usage & l'expérience m'en ont appris. La science est aujourd'hui trop répandue, trop facile, & à trop grand marché. Elle est trop à la portée de bien des têtes qui n'ont pas la force de la porter. Une épée est une bonne chose, mais trop de gens la portent peut-être. C'est une arme : les Romains ne la portoient qu'en guerre. Aux guerres civiles, tout le monde la porta. La guerre civile régne dans les sciences, depuis qu'on les rend si populaires. Je suis payé pour vanter les journaux, les dictionnaires, les manieres de faciliter les sciences & de les mettre à la portée de tout le monde. J'ai été trente ans journaliste. J'ai mis les mathématiques en une espece de dictionnaire, & ma phantaisie a toujours été de tout faciliter, arts, science & littérature. J'ai cru par-là faire la guerre à la demi-science, & rendre tout le monde pleinement sçavant. Pour un sçavant que j'ai fait, j'ai fait deux à trois cent demi-sçavans, quarts & demi-quarts de sçavans; & il y a plus de quinze ans que j'ai reconnu, de bonne foi, que j'avois manqué mon coup & mon but. J'en demande pardon au public. C'est Bayle, qui par ses journaux & son dictionnaire a prêché & favorisé la demi-science sceptique & déiste. De gros livres comme un dictionnaire, ou de petits livres souvent répétés, comme les journaux, imposent trop au public, & 1º à l'auteur qui s'en croit & en est cru plus habile; 2º au lecteur, au simple acheteur même, tout fier d'avoir à la main toute une & plusieurs sciences articulées, numerotées & en simple

A , B , C. Il y avoit eu, de tout temps avant Bayle, des Pyrrhoniens & des Déiftes. Bayle en a fondé la fecte en régle, en grand & à perpétuité ; or c'eft en fondant la demi-fcience. Mais Bayle, me dira-t-on, étoit au moins lui-même un vrai fçavant. J'ai ma diftinction que j'ai déja indiquée. Sçavant en *extenfion*, en furface, je l'accorde : Bayle l'étoit en *intenfion*, en profondeur, je le nie : Bayle n'étoit rien moins qu'un vrai fçavant. Ces fortes d'ouvrages de gros volumes fuppofent & donnent de la fcience en raifon inverfe, renverfée ou réciproque du temps mis à les faire ou à les lire. Un faifeur de gros livres n'a le temps d'en lire que de petits, ou de petits articles des gros. On peut, depuis long-temps, faire un livre plus fçavant que foi-même. Les tables des livres font la grande mine & la pépiniere des dictionnaires & des journaux.

Le difciple n'égale jamais fon maître ; & jamais lecteur n'apprend tout ce qui eft dans un livre, par la même raifon qu'un vafe ne rend jamais toute la liqueur qu'on y met. Malheur donc à l'écolier ou au lecteur, dont le maître ou le livre ne poffede que ce qu'il enfeigne. Pour quelques fruits, la nature donne bien des feuilles & des fleurs. Il faut fçavoir mille chofes, pour en dire cent ; en dire cent, pour en enfeigner dix ; & peut-être en enfeigner dix, pour qu'on en apprenne trois ou quatre.

DE LA SCIENCE DE LA GUERRE.

Dans le premiers âges du monde, on n'étoit point aſſujetti à tant de régles. Le héros étoit plus naturel, ſi l'on peut ainſi parler : la guerre étoit plus ſimple ; elle n'empruntoit point, ou très-rarement, le ſecours de l'induſtrie raiſonnée. On conçoit, ſans peine, que pour appliquer un coup de poing, ou pour jetter une pierre, il falloit moins de ſcience que de force. Si l'adreſſe étoit alors quelquefois néceſſaire, c'étoit moins une adreſſe étudiée qu'une ſoupleſſe du corps que donnent la jeuneſſe & l'uſage. Un homme, avec un bras vigoureux, les mouvemens déliés, le pied leger, le coup d'œil ſûr, de la fermeté, ou plutôt de la férocité, & une ame ambitieuse, pouvoit prétendre & parvenir à l'héroïsme. Tel fut vraisemblablement tout le mérite des Jupiter, des Mars, des Hercules, & de la plûpart de ces anciens personnages qui n'ont été si vantés, que parce qu'ils se rendirent très-redoutables. Mais aujourd'hui la gloire est attachée à un plus haut prix ; car tel de nos soldats n'est propre qu'à occuper un poste subalterne, qui, autrefois, auroit fait un excellent chef de troupes.

Un subalterne, un simple soldat peut devenir un héros par le génie & le courage qui peuvent lui procurer la science & la force, en l'élevant par degrés au premier rang. Sans cela, c'est un héros manqué. Le monde est plein de gens qui seroient des héros ou autres qu'ils ne font, fi la Providence les avoit placés pour l'être : on peut avoir toutes les qualités héroïques de l'efprit & du cœur, fans être un héros ; on en a le mérite, on n'en a pas la gloire.

La guerre des premiers âges étoit, comme celle des Sauvages, une fcience, mais une fcience peu étendue ; c'étoient de petites armées, de petites campagnes, des villes fortifiées d'un fimple foffé & d'un très-petit parapet. Tout confiftoit dans un coup de main, dans un petit combat, dans une irruption. Le fimple bon fens & les fimples qualités naturelles du génie & du cœur faifoient tout. Aujourd'hui les guerres font devenues fçavantes ; nos feules places fortes font des livres profonds qu'il faut long-temps étudier pour en connoître le fort & le foible, le jeu, la défense, l'attaque. Dès que les Gaulois parurent en Italie, dès que les Grecs, dès que les Carthaginois, en un mot, dès qu'un peuple plus sçavant que les Romains vint attaquer, les Romains furent aussi-tôt vaincus ; & s'ils s'en releverent, c'est qu'étant plus vertueux que tous ces peuples, plus constans & plus attentifs à profiter de tout, ils devinrent plus éclairés par leurs pertes, & prirent toujours ce qu'ils trouvoient de meilleur dans la milice de leurs vainqueurs dont ils s'approprioient les armes pour avoir leur revanche. Mais quelque grands hommes qu'ayent été, par l'esprit & par le cœur, ou par le bonheur, tous ceux qu'on vante dans ces siécles d'ignorance, les vrais héros de la premiere classe, les Cyrus, les Alexandres, les Scipions, les Césars, les Condés étoient de fort sçavans hommes; chez les Grecs sur-tout, dont les héros ont été les plus célebres, la science marchoit de pair avec la valeur, ou même la surpassoit.

Il y avoit plus d'adresse & de structure méchanique dans les armes des anciens. On peut même qualifier en général les armes des anciens du nom de machines. C'est l'ordinaire, lorsque la force manque, on a recours à l'adresse: la force naturelle de la poudre nous a fait négliger mille sortes d'industries dont usoient les anciens, pour suppléer à la nature par le secours de l'art. Nos batteries, nos mines même, qui font le chef-d'œuvre de notre pyrotechnie, n'égalent pas, en fait d'art méchanique, la plûpart des machines qu'Archimede & que les ingenieurs les plus ordinaires de ces temps anciens inventoient pour défendre ou pour attaquer une place. Les travaux des anciens étoient immenfes dans les fiéges : leurs fapes, leurs comblemens de foffés, & fouvent des rivieres, des lacs, des ports, des bras de mer, & fur-tout leurs tours ambulantes étoient comparables aux merveilles du monde ; car, quoi de plus merveilleux que ces tours énormes qu'on tranfportoit au pied d'une muraille & qui furpaffoient les plus hautes tours, contenant dans leur plus haut étage une multitude de gens de trait, un peu plus bas ayant des ponts-levis qu'on rabatoit sur les murailles, pour y faire passer les assiégeans, & dans le plus bas étage, des béliers pour ébranler & abbatre les murailles ! Quoi de plus merveilleux même, que ces batteries de balistes & de catapultes qui lançoient des pierres de cent, de deux cent, de quatre cent livres; des fléches grosses comme des arbres, capables de percer des murailles ! Cela est si merveilleux, que toute notre méchanique en est poussée à bout ; ensorte que ne pouvant aujourd'hui rien faire de semblable par le secours de l'art, & sans celui de la violence de la poudre, plusieurs ont pris le parti de nier la probabilité du fait ; quoiqu'il n'y en ait pas dans toute

toute l'histoire, de mieux attesté ; sans parler d'un détail infini de mille industries pour ruiner les travaux, ou pour les défendre, pour y mettre le feu ou pour l'en garantir, &c. La poudre manquant aux Anciens, ils faisoient des armes de tout. L'eau, l'air, le fer, les ressorts, les leviers, les roues, tout étoit mis en usage. Pour nous, nous nous reposons de tout sur la violence de la poudre, qui effectivement l'emporte bien au-dessus de toutes ces industries. Il faut cependant convenir que cette violence nous a rendus vraiment industrieux pour la fortification des places, & qu'en ce point nous surpassons de beaucoup les Anciens, aussi-bien que par l'art & la régularité de nos siéges.

P. Castel.

Il y a cette différence, précise entre l'étude d'un sçavant & celle d'un homme de guerre, que celui-là n'étudie que pour être sçavant, pour discourir, pour écrire ; au lieu que celui-ci n'étudie que pour agir. Par exemple, dans les batailles de Cyrus ou d'Alexandre, un sçavant de profession cherchera des époques : un guerrier n'y cherchera que des modeles : l'un apprend l'histoire d'un héros pour s'en souvenir, & l'autre pour la retracer. Voilà pour ce qui regarde la science de la guerre en général. Pour ce qui regarde l'art militaire, il faut des fortifications, c'est-à-dire, des places, des armes, des armées, en un mot, des forces; mais cela ne suffit pas : il faut que tout soit animé, mis en œuvre, en mouvement, en action. C'est ici, comme une machine qui a sa méchanique & son méchanisme, & en quelque sorte son corps & son ame. Voici les quatre choses qui constituent le héros militaire, ou, tout court, le héros : la mémoire, ou, si l'on veut, en général, la science, le génie, la force & l'action. La science est au génie, ce qu'est la force à l'action. Le génie vivifie la science, & l'action vivifie la force. Le génie & l'action sont propres & comme naturels au héros ; c'est l'esprit & le cœur, l'intelligence & le courage, la sagesse & la valeur. La science & la force sont comme extérieures & acquises ; la science développe & enrichit le génie ; la force seconde & aiguillonne le courage, & le rend agissant.

A la guerre, le plus habile est communément victorieux. Il l'est, parce qu'il doit l'être, & cela, comme on dit, par raison démonstrative. Oui, un habile général peut, d'un poste à l'autre, amener son ennemi au point qu'il veut, prévoir tous les événemens d'une campagne, & s'en rendre l'arbitre, connoissant son armée, celle qui lui est opposée, & tout le terrein qui leur sert de théatre. Il peut dresser sa carte, & dire: L'ennemi est là, je suis ici ; je ferai tel mouvement à ma droite : la gauche ennemie y répondra par tel mouvement ; j'éloignerai ma gauche : il rapprochera sa droite ; une telle manœuvre le jettera dans un tel défilé : je le prendrai là, à mon avantage ; telle autre le découvrira : je l'envelopperai ;

une troisieme le dégarnira au centre, je le percerai, &c. Abfolument, chacun de ces événemens peut manquer ; mais, de trente, il eft démontré qu'il y en aura un qui réuffira, & il n'en faut qu'un. Il y a mille chofes qui font démontrées dans l'art militaire : il eft démontré que telle arme a tel effet ; & telle fortification, telle réfiftance ; telle machine, tel jeu ; tel ftratagême, telle iffue ; telle évolution, telle force ; tel mouvement, telle fuite ; telle conduite, tel fuccès.

Le calcul eft abfolument néceffaire à un homme de guerre : non feulement il doit fçavoir compter ; mais il doit avoir auffi le goût & l'efprit du calcul, qui confifte à faire d'un coup d'œil, & par une certaine eftime, les opérations les plus difficiles. A tout moment, dans un camp, dans une marche, il doit prendre son parti pour ajuster le nombre d'hommes qu'il a, au terrein qui se présente. Il doit sçavoir combien chaque homme de pied, ou de cheval, occupe de terrein en longueur ou en largeur, combien il lui en faut pour loger, combien pour marcher, combien pour combattre, combien pour résister, combien pour percer. Guidé en tous ces points importans par un esprit de précision, il doit tout prévoir, tout apprécier, tout combiner, & cela, à-peu-près, comme le fait un horloger industrieux, qui, pour s'assurer du succès de son ouvrage, commence par déterminer la grandeur réciproque des roues, le nombre de leurs dents, les rapports qu'elles doivent avoir entr'elles, & atteint par ce moyen la justesse du jeu. Il faut, dans une armée, compter la circonférence d'un soldat, d'un bataillon ; compter ses pas, compter ses forces, compter les vivres, compter toutes choses. Un général qui n'a pas l'esprit de calcul, tombe à tout moment dans des mécomptes, dont son armée & son honneur sont les tristes victimes. La plûpart des entreprises militaires sont fondées sur le juste calcul des temps, des lieux, des vivres, des hommes, des machines ; en un mot, rien n'est si nécessaire à la guerre, que l'esprit & la science du calcul, parce que les plus petites choses produisant là, plus que partout ailleurs, les plus grands évé-

F iv

nemens, ce n'est que le compte exact qu'on y tient, ou qu'on n'y tient pas de ces petites choses, qui décide du bon ou du mauvais tour que prennent toutes les affaires.

Un officier supérieur doit plutôt diriger les calculs, que les faire. Il doit les faire de la tête, plutôt que de la main : il doit ne les sçavoir faire de la main, que pour voir si les mains des subalternes qu'il y emploie, les font bien. Il doit en sçavoir la pratique comme les subalternes, & mieux que les subalternes les mieux routinés dans le calcul. 1º Il doit la sçavoir comme eux, parce qu'avant que d'être supérieur, il est subalterne. Il doit la sçavoir mieux, puisqu'à un subalterne à qui on demande un calcul particulier, il suffit de sçavoir le faire avec la plume, avec les doigts, avec des jettons; enfin, selon les régles vulgaires de l'addition, de la souftraction, de la division, de la multiplication. Mais un officier supérieur qui commande, doit faire quelque chose de plus. Il doit, sans plume, sans tâtonner, sans aucuns secours de régles, d'un seul coup d'œil, l'évaluer, l'estimer, juger, de tête & de génie, si tel espace peut contenir, & de quelle maniere, sur combien de lignes, de rangs, de files il peut y camper le nombre d'hommes qu'il a sous ses ordres. Dans une marche, par exemple, il doit tout-d'un-coup voir, & voir ensuite en combien de jours, d'heures, de minutes même, il doit arriver d'un

F v

tel à un tel endroit, en paſſant telle riviere, tel défilé. C'eſt de cette juſteſſe & de cette vivacité de calcul que dépendent la plûpart des grands événemens de la guerre, & ſur-tout l'art de ſurprendre & de prévenir ſon ennemi, ou de n'en être ni prévenu, ni ſurpris. En un mot, un homme de guerre doit avoir le génie du calcul, tout de même qu'un muſicien doit avoir ce qu'on appelle *une tête ſonnante*. Un muſicien entend un chant, un air, un ſon, auſſi-tôt il ſent, &, comme on dit, il ſous-entend la baſſe & toutes les autres parties qui y répondent. Un guerrier qui a vraiment le génie militaire, à la vue d'un terrein, d'un défilé, ou de tout autre caractere de pays, voit l'ordre de bataille qui y convient : or cet ordre de bataille ne se détermine jamais que par le calcul de l'espace & des hommes qui l'occupent.

Un guerrier n'a absolument besoin que de la pointe de son épée ; mais pour mettre cette pointe en état de lui servir, il faut la mettre au bout d'une longue lame, & cette lame au bout d'une poignée. Pour manier la géométrie de la main, il faut la manier de la tête ; pour opérer, il faut raisonner ; pour agir, il faut connoître. La difficulté que l'on trouve jusqu'ici à apprendre la pratique de la géométrie, & à la retenir lorsqu'on l'a apprise, vient de ce que l'on apprend par mémoire, par routine, sans raisonnemens, sans principes ; on oublie ce qu'on a appris par cœur, mais non ce qu'on a bien compris par sens. Un artisan peut dire qu'il n'a besoin que de pratique ; mais un homme de condition, un officier, sur-tout un officier général, & tout homme qui vise à l'héroïsme de la guerre, a besoin encore plus de la théorie géométrique, que de la pratique : car elle ne lui est pas si nécessaire pour pratiquer, que pour voir si on pratique sous ses yeux & sous ses ordres. Il en a plutôt besoin pour perfectionner son esprit, le rendre juste, lui donner de l'ordre, que pour perfectionner sa main, quand ce ne seroit que pour en parler, & pour qu'il fût dit qu'il la sçait. Un officier doit se donner ce relief devant ses subalternes & ses égaux. Rien n'est plus indécent que de voir des personnes de condition , & en place , souvent à la tête des armées, & sur qui tout le monde a les yeux, n'avoir aucun raisonnement, aucun principe, & n'être que comme des artisans qui n'ont que la routine de leur métier.

Un homme de guerre doit posséder son métier, & se posséder soi-même. Celui qui ne possede pas son métier, ne sçait ce qu'il doit faire ; celui qui ne se possede pas lui-même, ne sçait ce qu'il fait.

En toutes choses, il est facile de se posséder soi-même , lorsqu'on possede bien son métier. Le sentiment intérieur qu'on a de sa capacité, produit une certaine confiance & une certaine tranquillité inaltérable dans les occasions les plus délicates ; on craint on se trouble, on perd la tête; dès qu'on sent son incapacité pour la chose qu'on fait & qu'on doit faire.

En général, l'homme de guerre doit posséder l'histoire des pays, des peuples & des événemens. En particulier, il doit connoître son pays, sa nation & les événemens qui les regardent. Quand je parle de son pays & de sa nation, je ne parle ni d'une seule ville, d'une province, ni d'un royaume. Un François est Européan : il doit donc connoître non seulement l'Histoire de France, mais aussi, & presqu'aussi-bien, celle de toute l'Europe. Je ne le borne pas non plus au temps présent. Il doit connoître l'Histoire ancienne, sur-tout l'Histoire sainte, l'Histoire romaine & l'Histoire grecque. L'Histoire sainte forme les mœurs, l'Histoire romaine éleve le courage, l'Histoire grecque éclaire l'esprit.

L'air cavalier consiste à n'être ni difficultueux ni minutieux. C'est le caractere ordinaire des gens de guerre, & le métier l'inspire. On y a de trop grands intérêts, toujours présens, pour être sensible à des intérêts frivoles qui amusent les autres hommes, & qui les font remper dans la bassesse. Et voilà pourquoi la profession des armes a été toujours regardée, sans aucune équivoque, comme la source de la véritable noblesse.

Des Mathématiques.

Les mathématiques, avant que l'esprit de calcul s'en emparât, ont toujours été recommandables par l'esprit de vérité, de franchise, de concorde qu'elles inspirent ; nulle science ne flate moins les passions ; elle est si abstraite : nulle ne détourne plus du mal ; elle est si intéressante pour l'esprit, elle le saisit tout entier : lorsque le démon de la guerre souffle la fureur dans tous les cœurs, Archimede s'égare avec sa raison dans les dédales tortueux d'une spirale, ou d'une vis sans fin : est-ce la sensualité qui conduit Archimede dans le bain ? Non : Archimede est par-tout géometre ; l'huile, les eſſences dont on arroſe ſon corps, lui ſervent à tracer des figures juſques dans le ſein de l'eau & de l'oiſiveté.

Tout eſt clair, évident, démontré en mathématique ; les difficultés, s'il y en a, viennent donc d'ailleurs. La phyſique, la morale, la métaphyſique, toutes les ſciences ſont, dans tous ces points, fort inférieures aux mathématiques. Leurs objets ſont vagues, &, pour le moins, inviſibles ; leurs queſtions indéfinies, leurs ſtipulations incertaines, leurs connoiſſances litigieuſes, leurs difficultés inſolubles, &, par-deſſus tout, leurs erreurs ſans nombre ; & malgré cela, pour un géometre, vous trouverez cent phyſiciens, cent métaphyſiciens, &c.

On méprise la physique & on s'y livre ; on estime la géométrie, & on la laisse-là.

DE LA QUADRATURE du Cercle.

SI j'avois trouvé moi-même la quadrature du cercle, par hazard j'entends, & sans assurément la chercher, je doute que je pusse me commander un quart d'heure d'attention pour la vérifier. Il n'y a pas de géometre qui n'en ait eu la lueur vingt fois en sa vie. Vingt fois j'ai dit, la voilà. Mais, à la réserve d'une seule fois, ou j'étois encore bien jeune, je ne crois pas avoir succombé à la tentation de courir après un spectre qui a joué tous ceux qu'il a entraînés.

Ce ne font donc pas les géometres fameux, les vrais géometres qui cherchent la quadrature du cercle. Ils fçavent trop de quoi il s'agit. Ce font les démi-geometres qui fçavent à peine Euclide. Ils difent qu'il ne faut pas être fi fçavant, qu'il n'y faut que de l'efprit, du travail, ou même du hazard. Mais d'où fçavent-ils qu'il n'y faut que cela ? Si quelqu'un l'avoit trouvée par ce chemin, on pourroit l'en croire fur fa parole. Ils difent que l'algebre, l'analyfe, les courbes, les infiniment petits font des rafinemens, de la charlatanerie ; point du tout, ce n'eft que de la fcience. Or on ne peut trop avoir de fcience pour faire un chef-d'œuvre de fcience, tel qu'eft inconteftablement celui-ci.

Les infiniment petits ne font

bien sûrement maniables que pour l'esprit pur. Toutes les mains sont percées pour une monnoie si impalpable. Cependant, jusqu'aux philosophes-métaphysiciens même, tout veulent les manier comme avec les mains, & en faire des corps, tandis qu'ils n'en sont que les modifications inséparables, le point de la ligne, la ligne de la surface, la surface du corps. Parmi les géometres même, tous ne veulent ou ne sçavent pas se payer de cette monnoie.

DE LA PHYSIQUE.

LA physique n'est pas comme la pure geométrie ; celle-ci ne proposant que des vérités toutes neuves, sur quoi les sens & les préjugés n'ont encore pris aucun empire, se contente d'exposer ses raisons & ses preuves : tous les esprits s'y rendent sans contradiction. Pour la physique, il ne lui suffit pas d'avoir simplement raison, & de dire la vérité, ni même de la démontrer : la vérité, la raison, la démonstration ne font rien, si elles ne sont à la portée de ceux à qui on les adresse ; mille préjugés empêchent d'en sentir la force. En fait de questions naturelles, chacun a pris son parti, & s'est forgé des systêmes, dès long-temps avant que de raisonner ; les yeux, les oreilles, tous les sens extérieurs mettent l'esprit le plus indolent & le plus stupide, comme à la hauteur & au niveau du raisonnement & du jargon de la physique ; la terre, l'eau, l'air, le feu, les sels minéraux, les plantes, les animaux, le soleil, la lune, les étoiles, le son, la lumiere, les couleurs, le tonnerre & les éclairs qui font l'objet de la physique, sont l'objet naturel de tous les hommes ; toutes les fonctions de notre vie sont des expériences : nos moindres coups d'œil sont des observations ; la nature est partout un livre ouvert : par-tout elle réveille la curiosité & engage l'esprit le moins philosophe dans des récherches, dans des réflexions, dans des penſées ſçavantes ; &, ſi l'on y prend garde, en fait de phyſique, ce n'eſt que du plus au moins qu'on differe : tout le monde eſt phyſicien, tout le monde penſe & raiſonne phyſique ; & ce n'eſt que la juſteſſe des penſées qui y met de la différence. L'objet des autres ſciences, & ſur-tout de la géometrie, eſt plus éloigné : il faut, pour y penſer, ſe renfermer dans un cabinet, lire des livres, étudier ; quiconque a des yeux, eſt phyſicien ou ſe pique de l'être.

Dites à un ſimple villageois, à un artiſan, à un bourgeois, en un mot, à quiconque ne ſe pique point de ſcience ; dites-lui que la cycloïde eſt triple de ſon cercle générateur, il vous répondra bonnement, qu'il n'entend point ce langage : expliquez-lui votre pensée, il vous écoutera ; démontrez-la lui, il y entrera, il s'en rapportera du moins à votre parole, & ne s'avisera pas de vous contredire sur votre métier ; parce que la cycloïde se présente à ses yeux, comme à son esprit, pour la premiere fois, & d'une maniere assez difficile, pour que cet esprit, par-tout ailleurs hardi & décisif, suspende ici son jugement, & suive les impressions de l'esprit d'autrui, dans un sujet qui d'ailleurs ne pique & n'intéresse guères sa curiosité.

Charmé ou dupé par cette docilité, hazardez-vous à lui dire, à ce même esprit noble ou roturier, poli ou grossier, homme fait ou enfant, à lui dire que la terre

terre est est ronde, que la lune est grande, que celle-là brille de loin, que celle-ci ne brille point de près; qu'un homme placé sur la lune, s'y soutiendroit sans crainte de tomber, quoiqu'il eût la tête tournée vers la terre, & les pieds vers la lune, & mille autres choses semblables: que pensez-vous que cet homme vous réponde? Qu'il n'y entend rien? qu'il n'en sçait rien? Point du tout; il se moquera de vous, s'il n'en a pitié: il a toujours vu la terre obscure & la lune brillante, l'une en haut, & l'autre en bas; son parti est pris, c'est-là son systême: raisonnez, prouvez, démontrez tant qu'il vous plaira; le raisonnement vient trop tard, daigne-t-on l'écouter? & quand

P. Castel. G.

on l'écouteroit, le préjugé en affoiblit toute la force.

Les hommes, & par conséquent les sçavans aussi, sont extrêmes en tout; & si on les laissoit faire, ils réaliseroient de bien des manieres la fable du *repentè calvus*, de Phedre. Les Newtoniens disent aux Cartésiens, qu'il ne faut ni imagination, ni esprit dans la physique, & qu'il n'y faut que des yeux; & les Cartésiens, certains au moins, qui n'aiment que les hypothèses & les fictions, disent aux Newtoniens, qu'il n'y a qu'à penser & à imaginer, & qu'on n'a qu'à s'arracher les yeux, & laisser-là les sens, comme inutiles dans la physique. Moyenant quoi, nous n'aurions bientôt plus, ni physique, ni physiciens.

Nous mettons les choses au pire, pour n'être accusés d'aucune partialité : il est pourtant vrai, que les Cartésiens n'ont jamais rejetté ni les expériences, ni la géométrie, si ce n'est quelfois par voie de fait, & en se livrant un peu trop à la fureur des hypothèses. Mais les Newtoniens n'entendent point de raison, non plus que leur maître, qui étant séchement géometre, & uniquement artiste, a proscrit, tout haut s'entend, toute hypothèse & toute conjecture ; quoique, tout bas, il n'ait fait peut-être que cela dans tout ce qu'il s'est permis de raisonnemens philosophiques.

Or rien n'est plus injuste ni plus fatal à la physique. Elle est essentiellement conjecturale & hypothétique ; & c'est l'anéantir, que de lui ôter la liberté du raisonnement inventif, qui est tout conjectural & plein d'hypothèses, d'un peu d'imagination même & de fiction poëtique, si l'on veut, en danger même de devenir romanesque : car toutes choses ont leurs écueils & leurs abus.

On commence, en effet, à remarquer que toutes ces invectives Newtoniennes autant que le haut prix géométrique où Newton a mis les plus legeres idées de physique, font déja tomber cette science, & diminuent le nombre des physiciens. Il y a si peu de gens qui ayent le temps ou qui veuillent se donner la peine d'être géometres ; & on a plutôt fait de renoncer à la physique. La plûpart même des

Newtoniens subalternes n'étant point géometres, ou ne l'étant point sûrement au niveau de la physique Newtonienne, comment sont-ils physiciens, ne l'étant que sur la foi de mille démonstrations qu'ils ne peuvent entendre ? La mode les soutient un peu ; mais ils se lasseront bientôt d'une science qui ne leur propose que des articles de foi.

Jusqu'ici la physique empruntoit de la géométrie, de la méchanique, de l'optique, de l'astronomie, de l'histoire naturelle, de la chymie, des divers arts, le fondement solide de ses conjectures, de ses hypothèses, de ses raisonnemens. Plus de raisonnement désormais, si on continue d'écouter les Newtoniens ; & la physique sera la géométrie même en personne, la méchanique, l'astronomie, la chymie, &c. & il n'y aura plus de physique.

Le grand Newton étoit fin, disent ceux qui l'ont connu. Il auroit été un Descartes, s'il fût venu avant lui. Il vint trop tard, pour développer le beau génie qu'il pouvoit avoir pour la physique. Au lieu de le développer, il l'enveloppa, & prit justement le contre-pied.

De la Physique
Relative à la Morale.

On dit, à tout moment, qu'il n'y a point de droiture dans le monde: c'est à ce principe de morale que je dois la découverte d'un système entier de physique. Un jour que je lisois le Misanthrope de Moliere & le Timon de Lutien, avec quelques ouvrages de Gracien, ce peu de droiture & de rectitude morale qui y est si bien représentée, me fit tout-à-coup jetter une certaine vue réflechie sur la nature, où il me sembla ne voir par-tout que des lignes courbes. Je creusai cette premiere vue, & je fus tout étonné de trouver que tout, jusqu'aux plus petits rayons de lumiere, s'éloignoit constamment de la ligne droite, pour suivre des lignes courbes.

Or telle est l'analogie entre le systême des corps & celui des cœurs, que la raison précise qui rend courbes les mouvemens des corps, rend détournés & tortueux les mouvemens des cœurs. Un mouvement courbe, disent les Méchaniciens, est un mouvement empêché dans tous fes points : or il faut bien que les politiques adoptent précifement cette définition. Qui eft-ce qui bannit du monde moral & politique la droiture ? On vife à un but ; mais les prétendans, les concurrens, les envieux, les ennemis, les intérêts contraires forment, à chaque pas, des obftacles & des empêchemens qui vous jettent par des détours & comme à la bouline à un autre but. Auffi Gracien, le plus phyficien, & peut-être auffi le plus éclairé de tous les politiques, nous dit ici : *Mirez un but pour tirer à un autre ; on tue aifément l'oifeau qui vole en ligne droite* ; & ce n'eft pas pour rien que le ferpent, avec fes replis & fa marche enveloppée, nous eft donné par Jesus-Christ même, comme le symbole de la prudence.

Remarquez la précision de mon analogie, &, si j'osois le dire d'après un sçavant, la *mêmeté* des deux systêmes. Tout corps qui se meut, tend à chaque instant à la ligne droite. Notre cœur tend aussi à la droiture, & iroit tout de suite à son but par la ligne la plus courte, s'il pouvoit arriver par-là, & que la ligne la plus courte fût en morale & en politique plus qu'en géometrie & en physique, le chemin le plus court.

On a déja traité bien des questions de morale & de politique, par le calcul de l'algebre ; il n'y en a pas une qu'on ne puisse traiter par les figures de la géometrie. Par exemple, vous sçavez qu'il y a des lignes qui approchent sans cesse les unes des autres, sans jamais se toucher. Un homme attend sa fortune du protecteur puissant auquel il s'est dévoué; cette fortune & ce protecteur de cour marchent sur ces deux lignes; jamais d'un client on ne veut faire un égal, dit Gracien: on l'avance toujours, pour entretenir la confiance; mais on l'avance par des progrès mesurés, pour entretenir la dépendance. Quand on a pressé l'orange, dit le même politique physicien, on la jette à terre; quand on a bu à la fontaine, on lui tourne le dos; ainsi, plutôt que de laisser arriver un client au but complet de ses desirs, on mêle dans ses progrès de secrettes semences de ruine: les lignes dont je parle, se tournent souvent le dos, même en s'approchant, lorsqu'elles commencent à être trop près.

DE LA PHYSIQUE
Par rapport à la Politique.

Où l'utilité de la physique se fait bien sentir par rapport à la politique, c'est dans la comparaison de l'équilibre & des balancemens des astres avec ceux des empires. Il est bien autant question d'équilibre & de balancement de puissances dans la politique que dans la physique, & on a raison: les idées de l'une sont les idées précises de l'autre. Or, pour vous faire voir que la physique peut élever la politique à de nouvelles vues & à des especes de découvertes, je vous prie de remarquer que, quoiqu'on vise & qu'on doive même viser sans cesse à l'équilibre le plus parfait des puissances politiques, il n'est ni possible, ni même expédient, que cet équilibre régne jamais. On se prévient de mille fausses idées qu'on érige même en axiomes. Tous les corps de l'univers sont en équilibre, vous diront froidement les physiciens spéculatifs ; & c'est sur ce modele que les politiques spéculatifs voudront introduire un équilibre parfait dans les états. Mais un petit principe fort ordinaire renverse toutes ces belles spéculations. Dès que les corps sont en équilibre, ils sont en repos : or tout l'univers est en mouvement : où est donc l'équilibre ? On parleroit plus juste, si on disoit que tous les corps tendent sans cesse à l'équilibre, & qu'ils se balancent sans cesse les uns les autres, sans pouvoir jamais se fixer. Dieu y a mis bon ordre ; & c'est-là le nœud de toutes les merveilles de la nature, & ce qui fait tout son jeu. C'est des balancemens des astres que naît la lumiere & le mouvement. Le flux & reflux des mers n'est qu'un balancement : le cours des fleuves qui sortent de terre pour y rentrer, n'est qu'un balancement. Les battemens de notre cœur, de nos poumons, de nos arteres ; le principe de vie, en un mot, qui ranime toute la nature, n'est qu'un balancement, un élancement, une heureuse saillie, qui bannit l'équilibre, l'engourdissement & la mort.

Faites régner l'équilibre entre les empires, &, s'il se peut, entre les provinces, les villes, les maisons & les simples particuliers, & vous allez en faire autant de statues inanimées, dès-lors plus de commerce, plus d'arts, plus de sciences, parce que dès-lors vous ôtez l'émulation & une certaine pointe, une certaine faillie, & en quelque forte l'esprit qui vivifie les états.

D'où penfez-vous que vienne la fplendeur de la France ? Le foleil placé au centre, ou plutôt au foyer des planettes, en foutient toute la preffion, toute la pefanteur, & en quelque forte toutes les attaques : c'eft du fein de ces preffions & de ces chofes que naît la lumiere & l'éclat qui rejaillit jufques fur ces planettes. La France eft au foyer du tourbillon de l'Europe. La jaloufie ou l'émulation des empires voifins, fa propre vivacité, tout réveille l'ambition réciproque. De-là la défiance, la vigilance, l'activité qui se répandent dans tout ce grand corps, & en font rejaillir la splendeur jusqu'au fond de l'Europe. Nos ouvriers font fleurir les arts en Espagne, & jusques dans la Moscovie. Nos vins, nos denrées, & bien d'autres choses enrichissent l'Angleterre ; nos bons auteurs donnent un air de science à la Hollande. Notre langue, nos habits, nos modes, notre goût se répandent par-tout.

Mais croyez-vous inutiles les négociations & les traités qu'on renouvelle sans cesse par de nouvelles clauses, par de nouvelles conditions, par des nouvelles explications ? Les ambassades extraordinaires, les mouvemens continuels des troupes, je dis, même en temps de paix ; tout cela se fait, me dira-t-on, pour assurer la paix & l'équilibre. Mais outre que cela marque que cet équilibre n'est & ne peut être jamais parfait, pour moi, je crois tout cela nécessaire pour bannir l'oisiveté, faire fleurir les arts & les sciences, & donner de la splendeur à la France. Un petit air de guerre & de mouvement politique, à la tête des affaires, est capable de ranimer toutes les parties d'un état, assez pour briller, trop peu pour éclater en guerres & en séditions. Il faut combattre l'équilibre, mais non l'ôter; il faut le suspendre, mais non le rompre. Je parle d'après la nature, en physicien : tout consiste à balancer toutes choses, tantôt d'un côté, tantôt de l'autre, sans leur permettre de trop excéder d'aucun côté, ni de se fixer dans l'entre-deux. Quand nous voulons fertiliser la terre, nous ne la dispersons pas dans l'air ; seulement nous la soulevons un peu avec la charrue ; ensuite la pesanteur l'affaisse, & nous la soulevons de nouveau : tous les astres s'éloignent de leur centre, & puis s'en rapprochent : le flux & le reflux soulevent & abbaissent les mers tour-à-tour : la respiration souleve & abbaisse nos poumons : c'est ce qui fait la vie & la beauté des choses, c'est la nature.

Or c'est de ces simples balancemens que naît la circulation, ce principe fécond de toutes les merveilles de la nature, &, s'il m'est permis d'élever jusques-là mes spéculations, ce chef-d'œuvre de la plus haute politique. Nos connoissances étoient bien imparfaites avant qu'Hervée, Fra Paolo, ou Fabri euffent découvert la circulation qui régne dans nos corps & dans tous les corps animés. Pour moi, c'eft-là uniquement que je fixe l'époque d'une certaine lumiere philofophique qui s'eft répandue dans le monde. Qu'étoit-ce que nos corps avant cette découverte ? Un vil morceau de boue qui n'avoit de beau, qu'une figure extérieure & fuperficielle, un chaos informe, un entaffement groffier de parties mal afforties & fans ufage. Mais dès que nous voyons la circulation régner dans ces corps ; dès-lors notre efprit s'éleve à la plus fublime contémplation de ce chef-d'œuvre du Très-haut ; dès-lors nous fentons un fouffle divin, un rayon d'intelligence, un

esprit de vie qui le pénetre, &
se répand dans toute son étendue:
l'entassement des parties se change en un assortiment régulier de
membres liés, enchaînés l'un à
l'autre avec un art divin, supérieur à tous les arts, en un mot,
en une organisation pleine de discernement & de sagesse. Est-il
vrai que jusqu'au dernier siécle
on ait ignoré tant de belles choses ? Est-il vrai que, même après
la découverte, on ait encore
long-temps balancé à s'y rendre.

La vérité a enfin triomphé de
l'ignorance ou de l'envie : on a
même atteint depuis assez longtemps jusqu'à la circulation & à
l'organisation des plantes & des
végétaux. Mais vous trouvez que
c'est pousser trop loin, que d'introduire cette organisation & cette

circulation dans tout le mécha-nifme & dans l'intérieur de tous les corps réguliers : je ferai plus; & fuivant toujours mon idée qu'il n'y a qu'un fyftême dans la nature des chofes, j'introduirai l'organifation & la circulation dans le fyftême libre des efprits, dans la morale, dans la politique, dans les fciences, dans les arts, & peut-être, avec le temps, dans le furnaturel de la foi, de la grace, de la religion. Vous en riez, j'y confens ; mais je fuppofe que vous diftinguez entre une idée rifible, & une idée riante : enfin rien n'empêche de dire en riant les plus profondes vérités.

Que feroit-ce qu'un empire fans la circulation, fans le commerce & la correfpondance réciproque entre toutes ſes parties, & même entre lui & les autres parties de l'univers ? Tous les grands politiques ont reconnu la néceſſité & l'importance de cette circulation, & ont tout mis leur art à la procurer & à l'augmenter. Un état eſt un corps inanimé, dès qu'elle ne régne pas dans ſon total; & chaque partie en détail eſt inanimée, dès qu'elle ne participe pas à la circulation générale. Dans nos corps il n'y a pas une ſeule partie hors d'œuvre, parce qu'il n'y en a pas une ſeule qui ne ſoit le véhicule & l'agent de cette circulation. Tout circule à travers chaque partie de nos corps, & chaque partie circule elle-même à travers chaque autre partie. Toute partie qu'une obſtruction inſurmontable exempte, pour son malheur, de cette double loi de circulation, est morte : il faut la détacher, si elle ne se détache elle-même. Tout est animé dans un corps animé. Tout est animé dans le grand corps de la terre. Les terres y sont fermes, les pierres y sont vives, les eaux y sont coulantes, rien n'y croupit ; une douce chaleur pénetre toutes ses parties ; les mers ont leur mouvement péristaltique ; les minéraux s'y engendrent : tout ce que nous connoissons de son intérieur, est percé, organisé. Concevez-vous bien que ce mouvement, cette chaleur, cette vie, cette vertu de génération puissent convenir à un corps mort & inanimé, à un vil entassement, à un chaos indigeste de boue & de matieres simplement appesanties l'une sur l'autre ?

Tel seroit un empire où toutes choses ne seroient pas en une action continuelle de circuler ; je dis toutes choses, les denrées, l'argent, les étoffes, les arts, les inventions, les sciences, les découvertes, & jusqu'aux modes & aux manieres, les habits, le langage, la politesse, & même les personnes, & beaucoup plus le cœurs & les esprits. Car il importe à ceux qui gouvernent, que dans un état tous les membres qui le composent, prennent un certain tour d'esprit & de manieres, comme d'habits & de langage, qui les porte à se regarder comme faits les uns pour les autres, & en effet, comme membres d'un même corps, comme parties d'un même tout.

La plûpart des politiques se

bornent aux choses sensibles & extérieures, aux étoffes, aux denrées, à l'argent, & à semblables effets méchaniques. Il faut que tout cela circule dans un état : mais il est peut-être encore plus essentiel que les sciences, les arts, les modes, les manieres, & tout ce qui va à donner une certaine communication d'idées & de sentimens, circule aussi. En vain réunit-on les corps par des loix & des machines extérieures ; le principal est de réunir les cœurs & les esprits ; car outre qu'on ne sçauroit trop multiplier les liens, ceux-ci sont les plus forts, & les seuls qui ayent lieu dans certaines conjonctures critiques & décisives. Dans un corps sain & bien constitué, toutes les humeurs, toutes les parties, outre leur liai-

son

son intime, ont une certaine conſtitution, une certaine température, une certaine qualité eſſentielle & relative, qui les caractériſe toutes, pour être les parties du même corps & du même individu. Dans un animal tout eſt animal, dans un végétal tout eſt végétal; & effectivement les diverſes parties ne pourroient ſe lier enſemble ſans cette homogénéité, ſans ce caractère commun. Or c'eſt la circulation générale qui influe dans tout un corps cette reſſemblance de nature, & qui rapproche les parties les plus diverſes par des liaiſons nuancées & adoucies, d'où dépend l'unité indiviſible d'un tout : la fermeté ſouple des tendons lie la fermeté des os à la ſoupleſſe des autres parties. Mais c'eſt l'organiſation d'un empire que j'appelle le chef-d'œuvre de la physique par rapport à la politique.

Quel pays fut jamais moins propre à la circulation & à l'organisation dont je parle, que la Moscovie ? Cependant la voilà qui commence à se dégourdir & à donner de bons signes de vie, & cela, parce que Pierre le Grand, a d'abord commencé par joindre quatre mers par divers grands canaux, & qu'il a continué à développer de jour en jour le système de circulation, dont la France lui avoit donné l'exemple. Un trait singulier en ce genre, est la maniere dont on a réduit les Fanatiques des Cévennes. Que d'armées, que de dépenses n'a-t-il pas fallu pour les exterminer ? Mais en les exterminant, on ne les réduisoit pas. Un seul expédient proposé par M. de Bâville, à qui le Languedoc, la France, la Religion doivent des statues, fut décisif pour terminer à jamais une guerre funeste à l'état, même dans ses plus belles victoires: c'est que le remede alloit à la source du mal. Les Cévennes étoient comme une citadelle imprenable, où chaque forêt, chaque pointe de rocher présentoit un nouveau fort inaccessible aux troupes. On perça ce pays d'outre en outre, & comme à-jour, par des chemins royaux, à l'aide desquels, les carrosses mêmes, les canons, & toute sorte de voitures & de machines peuvent rouler par-tout, sur la pointe même des montagnes, jusques-là inaccessibles aux gens de pied. Les

Romains regardoient les grands chemins comme un des principaux nœuds de leur politique.

On ne sçauroit trop les multiplier, non plus que les canaux. Tout est veine ou artere dans nos corps & dans tous les corps animés ; aussi tout est-il sang ou suc nourricier. Une importante réflexion à faire, quoique d'abord cela ne semble rien, c'est qu'il y a plus de mouvement & d'action sur les rivieres & les canaux, dans les ports, dans les grands chemins, dans les rues des villes, que par-tout ailleurs. C'est-là proprement qu'on sent qu'un état, qu'une province, qu'une ville est animée, parce que c'est-là qu'on sent la circulation comme dans les veines ou dans les arteres.

Qu'on ouvre, s'il eſt poſſible, dans nos corps de nouvelles routes, de nouvelles veines, auſſitôt le ſang va s'y jetter, & la nature en fournira bientôt un nouveau pour remplir ces nouveaux organes. Plus il y a d'organes dans un corps, plus il y a de ſang, de ſuc, de ſubſtance, de mouvement, de circulation, d'animation, de vie. Tout eſt ſang, tout eſt ſubſtance, tout eſt vie dans un corps organiſé. Percez un état, en tous ſens, de canaux & de grands chemins ; dès ce moment, ſans preſque qu'on s'en mêle, tout va s'animer dans ces grandes voies & dans tout ce qui y aboutit.

Croyez-vous ce que je vais vous dire ? Il n'eſt pas poſſible qu'un pays ſoit long-temps en friche, lorsqu'il est coupé de grands chemins. Il y a bien des terres inutiles dans le royaume, uniquement parce que personne ne s'apperçoit qu'elles y soient, & qu'elles sont inconnues presque autant que les terres australes. Un grand chemin qui traverse un pays, est un rayon de lumiere qui l'éclaire dans toute son étendue ; on n'y passera pas long-temps impunément, & sans que quelqu'un s'apçoive efficacement qu'il y a là des terres hors d'œuvre. On dit que l'œil du maître engraisse le cheval. Pour moi je n'attribue l'extrême fertilité de la Chine & des Chinois, qu'au grand nombre de grands chemins & de grands canaux que la politique y a sçu introduire. Le nombre des grandes villes & la richesse de la Flandre, & sur-tout le grand & opulent commerce de la Hollande marquent une organisation & une circulation abondante sur la terre comme dans les corps des habitans.

Il y a tant de *hors-d'œuvres* en France, tant de terres, tant de talens, tant de beaux projets inutiles, faute d'une certaine ouverture pour circuler. Tous nos maux viennent uniquement d'obstruction, tant dans la politique que dans la physique. Naturellement les François se portent au mouvement & à l'action, pour peu qu'ils trouvent de facilité à contenter leur curiosité, leur cupidité, leur vanité, ou leur ambition : il y a mille entreprises, mille voyages qu'on feroit, si on en avoit une certaine commodité ; les difficultés qu'on prévoit, font avorter la plûpart des bonnes penfées que chacun roule fans ceffe pour fa propre perfection, pour fa fortune, pour fon aggrandiffement : or la perfection, le bien des particuliers eft celui de l'état ; mille projets qu'on traite de chimériques, & qui le deviennent en effet, fe réaliferoient s'ils pouvoient feulement commencer d'éclorre. L'eau ne demande qu'à couler, mais il faut qu'elle trouve une pente. Le François ne demande qu'à imaginer, à inventer, à perfectionner, à travailler, à croître. Par quel endroit les grands miniftres font-ils grands ? Parce qu'ils donnent lieu aux grands hommes de le devenir : ils ôtent les obftacles, ils font la pente, & l'eau coule, &

le ressort se débande, & les talens se déploient, & le génie éclate.

Mais en voilà peut-être trop pour un spéculatif, &, qui pis est, pour un spéculatif physicien. Je ne dirai donc rien sur la maniere dont je conçois que se fait ou peut se faire la circulation le plus avantageusement pour un état. Car il est vrai que dès qu'un corps, soit physique, soit politique, est organisé, tout s'anime, & il se fait une circulation ; mais il est vrai aussi qu'il y faut une régle : il faut même ranimer à propos les esprits, & avoir soin qu'il se fasse une juste réparation des forces, & que la machine soit toujours montée, ou du moins remontée à temps. Je ne dis rien non plus des entrepôts qu'il faut pratiquer d'espace en espace, pour que le mouvement de la circulation ne se relâche pas par trop d'étendue, & qu'au contraire il y prenne de nouvelles forces. Les veines des animaux & des plantes se replient d'espace en espace en glandes, ou en nœuds. Les villes & même les villages sont les entrepôts naturels de la circulation politique ; c'est-là qu'elle se replie en quelque sorte en sociétés, académies, universités, colléges, bureaux, manufactures, &c. qui sont comme autant de points fixes ou de centres, d'où la circulation part de nouveau, après y avoir pris de nouvelles élaborations & une nouvelle force. On ne sçauroit trop multiplier ces centres ; mais l'essentiel est qu'il y ait une parfaite correspondance & une exacte subordination entre les centres particuliers & les centres principaux, qui sont naturellement dans les capitales des pays & des provinces, & entre ceux-ci & le centre primitif, qui est dans la capitale de l'empire, & dans la propre personne de celui qui est à la tête de tout.

Les mers, les lacs, & les rivieres qui sont les organes physiques de la circulation physique qui régne dans le grand corps de la terre, sont aussi les propres organes physiques de la circulation physico-politique qui doit régner & qui régne même naturellement dans les empires. Aussi les hommes à qui la circulation est non seulement utile, mais même nécessaire à cause de l'imperfection de chaque individu en particulier, se logent-ils naturellement au bord des lacs, des mers & des rivieres : les Sauvages de l'Amérique rangent toujours les côtes & les rivages dans leurs habitations autant que dans leurs navigations ; & dans tous les pays policés, les grandes villes ne s'élevent & ne se soutiennent guères ailleurs ; témoins, Constantinople, Venise, Rome, Londres; & en France, Paris, Rouen, Orléans, Toulouse, Lyon, Bordeaux.

La nature a pourtant laissé beaucoup à faire à notre industrie & à l'art de la politique, se contentant de nous mettre ici sur les voies, & nous proposant ailleurs de bons modeles : car les grandes voies, les grandes arteres, les grandes veines ne font pas les seules qui entretiennent la circulation dans nos corps. Or nous sommes forcés d'habiter l'intérieur des terres, soit parce que notre nombre s'est accru, soit parce qu'il faut cultiver ces terres. Ce font ces terres qu'il faut organiser par notre art, que la nature n'a pas laissé de prévenir par une infinité de petits ruisseaux & de torrens qui les pénetrent à tous momens. Ces ruisseaux sont des ébauches, & comme des semences des canaux que nous pouvons former en les recueillant, en les perfectionnant : ces torrens laissent aussi des ébauches & des semences des grands chemins qu'il ne tient non plus qu'à notre art de perfectionner & de multiplier. Car voilà, je pense, les deux sortes d'organes & de moyens de circulation politique que doivent se proposer & que se proposent même assez souvent ceux qui gouvernent les états.

Le canal & les grands chemins de Languedoc suffiroient pour immortaliser Louis le Grand. Quand les Espagnols sortent de leur pays, & qu'ils traversent cette province que l'art & la nature ont également embellie, ils sont tout étonnés de voir ces chemins royaux, le plus souvent élevés sur des ponts, à perte de vue, & ce canal non moins merveilleux; de les voir, dis-je, aussi fréquentés par les passans, que les rues de leurs villes ; car c'est dans ces termes qu'ils en parlent. Personne n'est meilleur juge que les Espagnols, de la différence qu'il y a entre un empire inanimé, & un empire où tout circule : il seroit à souhaiter que les Espagnols en fussent les seuls juges, & que les peuples des autres provinces du royaume ne trouvassent rien de nouveau à admirer en ce genre dans le Languedoc.

De l'Action des Hommes sur la Nature.

IL y a un milieu entre le naturel & le surnaturel ; & j'appelle artificiel tout ce que la nature fait, déterminée par la volonté libre des hommes : par exemple, le repos constant d'une pierre sur la terre, est un événement purement naturel ; mais il n'en est pas de même de la chute de cette pierre, après qu'on l'a élevée en l'air ; cette élevation n'est point surnaturelle : elle n'est pas non plus purement naturelle ; (je parle du naturel physique :) elle ne l'est pas plus que la constitution d'une horloge ; il est vrai que c'est la nature seule, qui précipite cette pierre, comme c'est elle seule qui fait tourner les roues ; mais de foi, & sans la volonté libre des hommes, il n'y auroit point de pierre qui tombât, ni d'horloge qui tournât : dans la nature, & en particulier dans l'étendue de la terre, il y a peu, & peut-être point d'événémens naturels ; vous me demandez si je crois bien sérieusement que les hommes fassent la pluie & le beau temps ? Je n'ai garde de dire que les hommes fassent tout cela ;

mais je vous avoue que je les soupçonne assez d'y déterminer la nature, comme ils la déterminent à faire tomber une pierre, ou à faire tourner une roue d'horloge ; de sorte que je croirois les philosophes jusqu'ici assez loin des vestiges de la nature, puisqu'ils n'y ont point encore trouvé les hommes, puisqu'ils ne s'y sont pas encore trouvés eux-mêmes dans son chemin.

Je ne vois pas qu'on puisse douter que l'action libre des hommes n'influe beaucoup dans mille événemens assez considérables, que nous traitons de naturels, parce qu'ils ne sont pas miraculeux, c'est-à-dire, parce que nous ne connoissons pas le vaste milieu que nous mettons néanmoins nous-mêmes entre le naturel pur

& le pur surnaturel : les champs se couvriroient-ils tous les ans de bled, les vignes de raisins, les arbres de mille sortes de fruits ? &, en général, la terre s'enrichiroit-elle de cette variété recherchée, & toute artificielle, de plantes, d'herbes, de fleurs, de feuilles, de graines, de productions, si les hommes ne s'en mêloient spécialement ? Verroit-on toutes ces espèces de chevaux, de chiens, de chats, d'oiseaux, d'insectes, sans les caprices, du moins sans la liberté des hommes ? Que de brouillards, de vents, de pluies, de grêles, de neiges, de tonnerres, d'inondations, de sécheresses, de froids, de chaleurs, toutes accidentelles, & uniquement introduites dans la nature par la libre action des hommes, qui détournent une riviere de son lit naturel, qui desséchent un marais, ou qui en forment un nouveau, soit à dessein, soit par quelque outrage, qui fait une obstruction & empêche la circulation des eaux ; qui ouvrent une mine, percent une montagne, creusent un port ! Les hommes ont bien des caprices ; les hommes sont bien entreprenans ; les hommes font bien des choses, sur quoi la nature doit prendre & prend en effet ses arrangemens.

Le canal seul du Languedoc, & sur-tout ses grands réservoirs, ont rendu leurs voisinages sujets à des orages, à des frimats inconnus jusques-là dans les pays d'alentour ; les hommes ne tiennent point registre de toutes les singularités qu'ils introduisent dans la nature. Peut-on douter que la machine de Marly & toutes les beautés de Versailles n'ayent un peu enlaidi la sérénité du climat ? Souvent ce n'est qu'à la longue, & dans des climats lointains, que se font sentir les influences qui résultent de nos caprices : une fontaine nouvelle dont on enrichit la France, peut en faire tarir une ancienne à la Chine, qui n'a garde de nous en soupçonner ; c'est comme la révulsion que les saignées & les ventouses causent dans les fluxions & les catarrhes.

Supposons, comme il est assez vraisemblable, que les inondations du Nil sont causées par les pluies abondantes qui tombent en Ethiopie, pendant deux mois de l'année ; supposons ensuite, ce qui est possible, que les Ethiopiens, par malice, par intérêt, ou par philosophie, & pour faire une belle expérience, se mettent dans l'esprit de ramasser ces pluies dans des réservoirs, ou de les détourner dans quelque autre pays ; voilà dès-lors toute l'Egypte qui devient un désert stérile comme la Lybie sa voisine. Que sçait-on même, si elle n'est pas anéantie par-là, supposé qu'elle ne doive son existence qu'au limon que les inondations y déposent ? Que sçait-on si la nature, qui lui refuse maintenant les pluies dont elle n'a que faire, n'en soulageroit pas son indigence ? Que sçait-on si la Lybie pour qui les inondations du Nil se font en pure perte, ne seroit pas à portée de profiter de ce nouveau système de pluies ? Mais l'Ethiopie surchargée des eaux qu'elle déroberoit à l'Egypte, ou ſes environs, ſur qui elle les détourneroit, ne changeroit-elle pas auſſi de climat ? Pouſſez ces inductions un peu loin ; ayez-y ſur-tout égard à la liaiſon des événemens, & des lieux ; peut-être verrez-vous changer de climat toute l'Afrique, par ce travail ſeul des Abyſſins ; & les nouveaux vents qui en réſulteront, viendront peut-être, avec le temps, en porter les nouvelles juſques dans le cœur de l'Europe, de l'Aſie & des terres auſtrales. Le roi qui vouloit rompre l'iſthme de Sués, craignit, peut-être ſans raiſon, de ſubmerger l'Egypte ; en général, tous les climats voiſins euſſent été fort altérés de ce changement : tel y eût gagné, tel y eût perdu ; ce ſont-là des poſſibilités.

On regarde comme fort naturel

tout le syftême de la génération, de la conservation, en un mot, de la vie des hommes ; mais il eft évidemment auffi artificiel, que celui d'une horloge : il eft libre aux hommes de multiplier les horloges : il leur eft libre de fe multiplier : on remonte une horloge de temps en temps ; de temps en temps, il faut remonter notre machine ; il faut même de temps en temps décraffer l'une & l'autre : où eft l'infenfé qui fe repofe fur la nature, du foin de femer le bled, d'en faire du pain, de lui porter les alimens tout mâchés dans la bouche, de remplir fon eftomac, en un mot, de fa nourriture & de fa confervation ? Il eft bien certain, au contraire, que nous ne fommes nullement dans les voies de a nature ; que de foi, elle tend directement à notre destruction ; que ce n'est que par accident, contre son intention, & en détruisant les alimens que nous prenons, qu'elle coopere avec nous pour nous nourrir & pour prolonger notre vie, & que notre mort est plus son ouvrage que notre naissance, puisque ce n'est que sur une détermination libre, étrangere & accidentelle, qu'elle nous fait naître & vivre, au lieu qu'elle n'a besoin que d'elle-même pour nous faire mourir.

Voilà donc déja les hommes en possession d'un grand nombre d'événemens ; le détail en est immense. Et vous devez me sçavoir quelque gré du double sacrifice que je fais de l'ébaucher, & de ne pas le finir ; car vous devez sentir vous-même cette
foule

foule d'observations & de réflexions aussi brillantes que sublimes, qui saisissent l'esprit dès la premiere ouverture qu'on se fait dans une si vaste carriere ; mais pour aller plus vîte au fond des choses, je ramene toute l'action des hommes sur la nature, à deux ; aux mêlanges que nous faisons, & à l'équilibre que nous rompons ; & j'ose dire, ou penser, ou conjecturer que, de cela seul résulte toute la variété des mixtes, plantes, animaux, minéraux, toute la variété des météores, brouillards, vents, nuës, pluies, neiges, grêles, éclairs, tonnerres, foudres ; & peu s'en faut que je n'ajoûte toute la variété des principaux arrangemens & des divers méchanismes de la terre, tant intérieure qu'extérieure : les montagnes & les plaines, les mers & les continens, les rivieres & les fontaines ; &, pour tout dire en un mot, l'organisation & la circulation de tout le globe.

1° Nous mêlons tout, & nous difposons tout à fe mêler de mille manieres différentes, & c'eſt par-là que je penſe que nous déterminons la nature à la production de cette variété de mixtes qui enrichit la terre.

La nature, fi on la laiſſoit faire, iroit, & même fort vîte, à fon but, qui n'eſt autre que d'anéantir toute la variété qui régne dans toute l'étendue de la terre, & de réduire tout à la fimplicité primitive de trois ou quatre fubſtances élémentaires, eau, air & terre. Mais, à chaque inſtant, les hommes rompent fa pente, & éludent fes efforts. Je me promene dans une campagne ; qu'y vois-je ? de toutes parts des travailleurs, des laboureurs ; l'un laboure, l'autre béche la terre, un autre l'enfemence. Celui-ci coupe l'herbe, celui-là cueille le grain ; aujourd'hui c'eft la moiffon, demain c'eft la vendange ; &, chaque jour, nouveaux travaux ; examinons tout cela de plus près.

Qu'eft-ce que tous ces travaux ? à quoi aboutiffent-ils ? & quel en eft le réfultat ? Mélanges nouveaux, combinaifons nouvelles, nouveaux labyrinthes, qu'on forge à la nature, pour l'empêcher d'arriver à fon but, ou même pour l'en éloigner de plus en plus.

Que fait, par exemple, celui qui laboure la terre ? Il la fend, la divife, la fouleve, en multiplie, en sépare les grains, & force par conséquent l'air à s'y insinuer, & puis à s'y trouver mêlé de fort près, lorsque ces grains venant à se rapprocher, sur-tout à la surface de cette terre, il ne pourra en sortir, sans se forger de nouvelles chaînes, qui l'y arrêtent dans tous les détours des plantes, qui résultent de ce mélange, & des efforts que cet air fait pour se débarrasser, & pour entrer dans son atmosphere. La récolte arrive ; on coupe ces plantes, herbes, fleurs, fruits, bois, &c. Les animaux mangent ces herbes, c'est-à-dire, les mêlent avec leur substance : les hommes mangent ces fruits ; mais ce n'est pas sans de grands apprêts, c'est-à-dire, sans de grands mélanges. On les cuit, on les

SUR LA NATURE. 197

affaisonne, on les fait entrer dans mille ragoûts ; c'est-à-dire, on les mêle avec l'eau, le vin, l'huile, le vinaigre, le verjus, le poivre, la cannelle, le sucre, le sel ; & qui pourroit dire toutes les sortes d'ingrédiens avec quoi notre délicatesse, notre caprice ne cesse de les assortir ?

Après ce dédale de mêlanges, qui ne sont néanmoins que préliminaires, on mange, c'est-à-dire, on mêle tous ces mêlanges ; le le pain avec le vin, le chair avec le poisson, la poire avec le fromage ; & puis l'estomac fait la fonction, à quoi tout cela le détermine ; &, chaque viscere fait la sienne ; & à chaque pas, combinaisons nouvelles, dont le but & le résultat unique est d'embrouiller la nature à l'infini : or, chaque jour, & presque à chaque instant, tout cela se renouvelle. Est-il si difficile d'observer toutes ces choses, & de les rapporter au but ? Pourquoi faut-il que ce soit ici une philosophie toute nouvelle ? A-t-il été plus facile d'inventer & de perfectionner des lunettes, & d'observer des taches dans le soleil, que de se réduire à avoir des yeux, & à voir ce qu'on voit en effet, & ce qu'on voit à toute heure ?

Entrons dans les villes : que d'arts, que de métiers, que de travaux, que d'occupations diverses, mais qui, regardées d'un œil un peu philosophe, se concertent toutes à ce but unique de combiner, & de mêler ? Aux Gobelins, on mêle la laine & la soie, l'or & l'argent : à l'Arsenal, on mêle le charbon, le soufre & le salpêtre : dans la rue S. Jacques, on mêle l'encre avec le papier ; marchandise mêlée en effet. Sur les Quais des orfévres, de la ferraille, chez les serruriers & ailleurs, on brise, on lime, on fond, on polit, on façonne de mille nouvelles manieres le fer, l'acier, le cuivre, l'argent, l'or, l'émail ; tout cela n'est que combiner & mêler : car, diviser une piéce de fer en deux, en trois, c'est mêler le fer avec l'air, qui en sépare les piéces ; & plus il y a de divisions, plus le mêlange est exquis & intime. Or ces mêlanges grossiers sont toujours accompagnés de mêlanges plus fins : car en limant, & en divisant le métal, il y en a toujours bien des parcelles, qui s'envolent dans l'air ;

sans parler de la grosse limaille qui se perd à terre ; & puis tout cela s'use, à force d'être manié & façonné : or user une chose, c'est la disperser dans l'air ou sur la terre.

Comme nous parlons physique, rien n'est vil, & tout le détail de la vie humaine est également notre objet : les tresses des perruquiers, la pâte des boulangers, les diverses élaborations des tourneurs, menuisiers, charpentiers, (ne faisons point les délicats,) des cordonniers, & des autres, ne sont que des mêlanges continuels. Il faut se rendre les yeux philosophes sur les moindres objets : faire un habit, faire un soulier, faire un tableau, c'est, en bonne physique, mêler, & rien de plus : mais c'est chez

les baigneurs, apothicaires &
autres droguiſtes qu'on mêle de
la bonne ſorte; & les chymiſtes,
qui ſe vantent de tout analyſer,
de tout décompoſer, ne vous y
fiez pas, ſont ceux qui mêlent,
& qui ſophiſtiquent le plus.

Les gens les plus oiſifs & les
plus indolens le ſont peut-être
le moins à cet égard : car ils ſont
les premiers, & preſque les uni-
ques mobiles des grands mêlanges ; c'eſt à eux que tout vient
aboutir ; ce ſont eux qui achevent
de conſumer & d'uſer, c'eſt-à-
dire, de mêler & de confondre
toutes choſes. La diverſité, la
bizarrerie même de leurs aſſortimens, habits, meubles, équi-
pages, remplit l'air & les divers
égouts, (nous parlons phyſique,)
d'un contraſte de vapeurs, d'ex-

halaifons, d'ordures & d'excrémens, (c'eſt de la phyſique,) que la nature ne ſçauroit démêler de long-temps.

C'eſt-là que la porcelaine de la Chine vient ſe briſer contre la cuiller d'argent du Pérou, & le thé de l'Aſie ſe noyer dans l'eau de l'Europe, imbibée du ſucre de l'Amérique. C'eſt-là que le talc de Veniſe, le blanc d'Eſpagne, le vermillon d'Angleterre ſe mêlent avec les rides d'un viſage que la nature a rendu tragiquement hideux, & que l'art rend comiquement burleſque.

Mais tout le monde mêle & combine; & les exhalaiſons, auſſi-bien que les égouts qui ſortent de toutes les maiſons & de tous les corps d'une ville, ont droit de ſe confondre & de ſe mêler.

Enfin, il passe bien des choses par les mains des hommes : or tout cela n'y passe, que pour se consumer, se dissiper & s'entremêler tout-à-fait.

Deux agens principaux, dont les hommes se servent pour accélérer la destruction de toutes choses, c'est-à-dire les mélanges, c'est l'eau & le feu. Le feu fournit d'abord par lui-même une infinité de vapeurs & d'exhalaisons ; & si l'on vouloit se donner la peine de calculer à-peu-près la quantité de fumées qu'une ville comme Paris exhale en un jour d'hyver, on trouveroit peut-être de quoi former une nuée assez épaisse, qui couvriroit un grande partie de la France. Et qu'on ne dise pas que le feu discerne les substances, puisque le discernement est fort imparfait, & que les dispersant dans l'air, il les mêle avec cet air & avec les atomes qui y voltigent, & que ces substances ainsi mêlées d'air, retombant en pluies ou en rosées sur les terres, sont forcées de s'y mêler avec diverses substances, & de concourir à la production des plantes & à la nourriture des animaux, c'est-à-dire, à la formation de mille nouveaux mélanges. L'eau ne mérite pas moins d'attention que le feu : rien n'est si vil que l'eau ; mais c'est-là ce qui fait voir son excellence : car elle n'est si vile, que parce qu'on en trouve par-tout abondamment, & que l'habitude de nous en servir nous en fait méconnoître l'utilité & l'importance : qu'elle devînt un peu plus rare, bientôt nous en connoîtrions le prix. Nous sommes naturellement ingrats, & portés à n'estimer que ce qui se refuse à nos vœux : or sans cesse nous employons l'eau pour faire mille nouveaux mélanges ; nous la mêlons par-tout ; nous la mettons à tous les usages ; nous la jettons, nous la dispersons dans l'air & sur toute la surface de la terre ; nous la buvons, nous en délayons tous nos alimens ; nous nous en servons pour laver, pour décrasser les corps, c'est-à-dire, pour la mêler avec mille poussieres, mille fragmens, mille je ne sçais quoi.

Lorsqu'on disperse l'eau sur la terre, aussi-tôt elle s'exhale en vapeurs ; mais ces vapeurs vont retomber sur quelque terre labourée, & s'y engager dans les replis des plantes, d'où elles ne sortent que pour s'égarer de nouveau dans les viscères tortueux de quelque animal ; & l'on peut dire que, par le soin que les hommes ont de tendre par-tout des piéges à la nature, il y a telle goutte d'eau, qui, depuis le commencement du monde, erre de plante en plante, d'animal en animal, de viscere en viscere, de fibre en fibre, de pays en pays, de continent en continent, sans pouvoir rattraper le fil de la circulation générale, en retombant dans quelque ruisseau, dans quelque riviere, ou dans la mer.

Dans les rivieres même, l'eau se trouve en pays ennemi, mêlée de mille sels, de mille corps, de mille poussieres, que nos égouts y charrient sans cesse : les vents, dites-vous, suffiroient pour altérer la pureté des rivieres, sans que les hommes s'en mêlassent ; mais où les vents prendroient-ils les poussieres, s'il n'y avoit des champs labourés, des rues fréquentées, des chemins battus par les hommes ; je ne dis rien de l'air qui, quand il se trouve mêlé dans les corps, (or nous l'y mêlons sans cesse,) fait effort par sa legéreté & par son ressort, pour prendre le dessus, & repousse dans l'atmosphere les parties de l'eau & des autres corps, en vapeurs & en exhalaisons ; mais vous seriez bien surpris, si j'ajoûtois que le soleil n'éleveroit aucune vapeur d'une eau qui seroit parfaitement pure, & que toute son action se borneroit à la gonfler un peu, à la raréfier : car pourquoi éleveroit-il une partie plutôt que l'autre ? Avouez-le, ce morceau-là est d'une dure digestion : je le fens ; & celui-ci, qu'en penfez-vous ?

Il y a des gens qui aiment le calcul ; on a calculé les pluies qui tombent dans un pays ; on a calculé les tranfpirations que chaque homme exhale : qu'on calcule celles qu'exhalent tous les hommes, & qu'on les compare avec les pluies ; & l'on verra que les tranfpirations feules peuvent fournir aux pluies : on peut calculer auffi l'eau que les hommes confument, qu'ils difperfent : on peut calculer les mêlanges ; & l'on verra fi la nature a befoin de fe mettre beaucoup en frais, pour avoir des pluies.

Pourquoi la fin de l'automne

& le commencement de l'hiver font-ils si pleins de brouillards & de pluies ? La plûpart des gens n'en sçavent d'autre raison, si ce n'est que c'est l'hiver ; mais je ne crains pas de me tromper, en vous faisant remarquer que c'est le temps des grands labeurs & des plus considérables dérangemens que les hommes fassent & occasionnent sur la terre : toutes les terres sont fraîchement labourées ; on vanne le bled ; on foule les raisins ; on cueille les fruits : les feuilles des arbres (que les hommes ont plantés) tombent de toutes parts ; les hommes sont par-tout répandus dans les chemins & dans les campagnes ; c'est même le temps des grandes courses & des grandes dissipations de toutes les sortes : quelle merveille, si l'air est surchargé de vapeurs & d'exhalaisons, sans parler de celles qui transpirent, à cette occasion, de la terre intérieure, sans parler que la terre fraîchement labourée forme partout des réservoirs & des entraves aux vapeurs qui retombent, pour les forcer à remonter & à retomber de nouveau, sans que presque aucune goutte puisse en arriver jusqu'aux rivieres où elles sont plus en sûreté, du moins sans qu'elles y arrivent, sinon bien barbouillées d'un limon qui les sollicite sans cesse à de nouvelles évaporations ! Avez-vous remarqué que Paris est presque toujours couvert de vapeurs ? Mais il ne l'est pas moins, lorsqu'il ne le paroît pas ; c'est là que se font les grands mélanges, les grandes dissipations de toutes les sortes, encore un un coup. Avez-vous remarqué aux rayons du soleil, que l'air d'une maison de campagne est infiniment moins chargé d'atomes, que celui d'une maison de la ville ? Avez-vous remarqué que, pendant plusieurs jours après qu'on a béché une terre, un champ, au mois d'Octobre, il en sort tous les matins, à l'arrivée du soleil, de si grands flots de fumée, que souvent tout un vallon, toute une campagne en est plongée dans les brouillards ? Pour moi, je l'ai remarqué, il y a long-temps, lors même que je ne pensois point au système.

2° Mais c'est l'interruption que nous faisons dans l'équilibre de la nature, qu'on peut appeller le grand ressort de son principal méchanisme ; de sorte que, pour bien caractériser la plûpart des générations & des phénomenes que la nature produit par nos déterminations, je les appellerois volontiers *des mouvemens convulsifs*, auxquels elle donne pourtant une certaine régularité : or il n'est pas une de nos démarches, qui n'occasionne ces mouvemens convulsifs dans la nature ; d'abord tous les travaux que nous donnons à la terre, n'ont d'autre but que celui-là : nous la soulevons au milieu, & au-dessus de l'air & de l'eau qui s'y insinuent facilement ou même nécessairement, & qui ensuite faisant effort pour en sortir, forment tout ce qu'il y a de plantes, & nourrissent tout

ce qu'il y a d'animaux sur la terre;
mais, de-là résulte une autre interruption d'équilibre : car ces plantes ne sont, dans le fond, que comme une premiere couche de terre qui se dilate : or nous coupons ces plantes, nous les consumons, & puis nos divers égouts les conduisent dans les rivieres & dans les mers ; nous pouvons donc dire que l'occupation des hommes est de plumer, ou de peler, ou d'écorcher sans cesse la terre, ou du moins certaines parties de la surface de la terre : outre cela, les vents trouvant des terres devenues friables par nos soins, les transportent çà & là ; ce qui rompt évidemment l'équilibre naturel entre les colomnes de terre, qui se trouvent par-là affoiblies en un endroit, & appesanties en l'au-

tre : ces interruptions sont moins sensibles, quoiqu'à la longue, elles doivent le devenir ; mais nos édifices, nos levées de terre, nos maisons, nos villes rompent deux foix l'équilibre, 1° en ce qu'elles surchargent la colomne de terre qui les supporte, 2° en ce qu'elles déchargent les colomnes qui supportoient les matériaux qu'on en tire pour les bâtir & les rebâtir sans cesse.

Or de-là résultent sans cesse des abbaissemens & des rehaussemens alternatifs, en mille endroits de la terre, tant intérieure qu'extérieure ; ce qui suffit pour y former ou y entretenir toutes les inégalités qui en sont le principal méchanisme, c'est-à-dire, les cavernes intérieures & les montagnes extérieures, qui font

SUR LA NATURE. 215
l'organisation & la circulation, qu'on ne peut guères douter qui n'y régne; car il paroît qu'à cet égard, notre action se réduit à deux points essentiels pour cette organisation & cette circulation; 1° en surchargeant certains endroits, déchargeant certains autres endroits, nous forçons l'air, l'eau, le feu, à se réfléchir du centre vers la circonférence; & puis, 2° en gratant en quelque sorte, en divisant, en attendrissant la surface extérieure de la terre presque par-tout, nous donnons lieu à tout cela de transpirer & de jaillir en montagnes, en volcans, en fontaines, en vents, en vapeurs, en exhalaisons; & du reste, comme nous faisons tout cela sans discernement, sans prévoyance, & pour des intérêts particuliers, sans nous

concerter les uns avec les autres, ce n'est pas merveille s'il en résulte des chocs, des conflits, des bizarreries, c'est-à-dire des embrasemens de la part des volcans, des tremblemens de terre, des orages extraordinaires, des dérangemens de saisons, &c.

De sorte qu'on ne peut ici m'opposer qu'on trouve des montagnes, des fontaines, des plantes & des animaux dans des pays où les hommes n'ont jamais pénétré ; car outre que ce point d'histoire est assez litigieux, il est clair que les résultats des actions des hommes doivent se faire sentir en mille endroits où les hommes ne sont point, témoin l'Egypte dont l'Ethiopie est bien loin ; & puis c'est Dieu qui a d'abord produit les plantes qui se perpétuent
depuis

SUR LA NATURE. 217

depuis ce temps-là par des femences, mais qui ne se perpétuent qu'autant que les hommes en occasionnent la perpétuité.

Car pour derniere raison, qui embrasse toutes les autres, &, d'un seul coup, tranche toutes les difficultés & épuise tout le détail, en présentant le système entier dans son point de vue simple & naturel, on doit reconnoître dans la nature un penchant méchanique, constant, & nécessaire à ramasser toute la terre immédiatement autour du centre, envelopper de toute l'eau toute cette terre, & toute cette eau de tout l'air sans autre distinction ni variété : qu'on brouille bien dans une phiole, de la terre, de l'eau, de l'air, on leur verra

P. Castel.   K

toujours ce penchant à se discerner & à se placer par dégrés de pesanteur, l'air sur l'eau, l'eau sur la terre: je dis plus; c'est-là l'unique penchant de la nature: elle ne connoît d'autre action primitive que celle-là; & si j'osois user d'une expression sacrée: *Hoc est omnis natura*; c'est-là toute la nature: sur la terre, dans la terre, sur une montagne, dans une vallée, en France, en Canada, en Europe, en Asie, en un mot, dans toute l'étendue de la terre, les substances qui composent son globe tendent continuellement à se discerner, à se surmonter par degrés de pesanteur, & à se placer, encore un coup, la terre sous l'eau, l'eau sous l'air; si on les plaçoit ainsi, on ne sçauroit assigner aucune cause natu-

SUR LA NATURE. 219

relle, qui les déplaçât; & lorsqu'elles font une fois déplacées, je n'en vois pas non plus, qui puiſſe les empêcher de reprendre, du moins à la longue, cet arrangement, l'unique primitif & naturel.

Otez les hommes de la terre, dès-lors vous en ôtez peut-être toute viciſſitude : car c'eſt notre volonté libre, qui altere, divife, façonne, détruit la plûpart des corps, & qui met la nature en voie de produire des corps ſujets à des deſtructions & à des altérations continuelles : peut-être n'y avons-nous jamais pris garde; c'eſt nous, en bonne phyſique, autant qu'en bonne morale, qui répandons ſur tout ce qui nous environne le ſçeau de notre mortalité.

Si nous n'y étions pas, la terre conferveroit facilement le fceau d'immortalité, que fon divin Auteur y a gravé. Si nous n'y étions pas, y auroit-il des maifons, & des édifices qui s'écroulaffent ? Y auroit-il mille fortes de plantes & d'animaux, qui fuffent fujets à la mort & à la corruption ? Dieu a mis les hommes fur la terre pour la travailler, même pour l'embellir ; mais beautés fragiles que le temps moiffonne, comme il moiffonne ceux qui en font les auteurs. Si nous n'y étions pas, voici, en deux mots, ce qui arriveroit à la terre : nos maifons, nos palais, nos villes feroient bientôt ramenées au niveau du globe ; les terres que nous foulevons, avec tant de foin & tant de travaux, pour les rendre fertiles, en les rendant pénétrables à l'air & aux pluies, s'affaisseroient, se durciroient; & dèslors plus de bled, plus de vignes, plus de prairies, plus des plantes, plus d'arbres, plus d'insectes, plus d'animaux, & peut-être bientôt plus de vallées, plus de montagnes, plus des rivieres, plus de mers; mais la terre bientôt affaissée, se ramasseroit autour du centre; l'eau la couvriroit; l'air envelopperoit l'eau.

Un prince habile disoit : *Le temps & moi nous en valons deux* ; & il avoit raison. Il n'est rien dont on ne vienne à bout avec le temps; le roitelet mis sur les aîles de l'aigle, atteint jusqu'aux nuës; un homme mis sur les aîles du temps, éleve ses travaux jusqu'à la hauteur des montagnes ; plusieurs hommes entés l'un sur l'autre, font des géants ; & puisque la nature ne travaille qu'avec le temps, successivement & assez lentement ; on peut en quelque sorte, & sous le bon plaisir de Dieu, parier avec elle, & entreprendre de ruiner ses travaux, ou de réédifier ce qu'elle détruit.

Du Mouvement.

DESCARTES s'est mépris, lorsqu'il a donné comme une loi de la nature, que tout corps tend à persévérer dans son état présent de mouvement ou de repos ; & je suis surpris que Newton, qui a pris assez à tâche de contredire ce grand philosophe, & qui l'a souvent contredit en grand philosophe lui-même, & avec succès, n'ait pas senti le faux de cette prétendue loi, également contraire à la nature inanimée du corps, & injurieuse à l'esprit. Le corps, pur corps, ne tend à rien, ne persévere en rien : il ne se conserve pas, il est conservé ; il ne se meut pas, il est mu. Pour le dire en passant, la grande & unique loi du mouvement ou du repos des corps, c'est l'équilibre rompu & rétabli. Un boulet de canon ne va que parce que l'équilibre est rompu ; une pierre suspendue en l'air ne tombe, que pour la même raison. C'est l'univers qui meut le boulet, & la pierre jusqu'au parfait rétablissement de l'équilibre.

L'étalage en toutes choses a quelque chose de plat & de froid. Au moment qu'une chose arrive, ou enfin tandis qu'elle marche, on la prendroit pour une merveille; est-elle arrêtée sous nos yeux? Quoi, n'est-ce que cela, dit-on aussi-tôt? Il y a bien peu de choses dans le monde; y en a-t-il même aucune qui puisse soutenir un coup d'œil arrêté, qui la contemple, la perce, la mesure, l'évalue, la réduit à sa juste valeur, à rien? Voilà la raison précise du *minuit præsentia famam*. Le mouvement, en nous dérobant les objets, nous dérobe leurs défauts, leurs bornes, leur néant; c'est la notion de tous les agrémens humains: *frapper & fuir* est leur apanage. On se lasse de tout objet qui reste là; le mouvement empêche qu'on ne se lasse d'aucun, & les fait revoir toujours avec le même goût: on revoit toujours avec plaisir ce qui n'en nuie jamais. Ce qui se dérobe ainsi n'étant jamais bien connu, a toujours la grace de la nouveauté.

L'infini seul plaît dans le repos, parce qu'il satisfait pleinement la plus vaste capacité, la surpassant même de beaucoup. C'est par le mouvement, que les choses finies plaisent ou donnent une ombre de plaisir, parce qu'elles prennent un air d'infini, un air de quelque chose de profond, d'inépuisable, & par conséquent d'immense & de divin.

Voyez-vous l'immutabilité de ce globe, au milieu des mouvemens divers, qui agitent ses parties ? Que d'agitation, que de variété & de variation dans celles-ci ! Que de repos, que d'uniformité, que de constance dans celui-là ! Mille tourbillons agitent l'air ; la mer souleve sans cesse ses flots : sans cesse les rivieres s'élancent hors du sein de la terre jusqu'au sommet des plus hautes montagnes ; les animaux, les végétaux sont pénétrés de mille mouvemens ; tout fermente sur la terre.

Je ne dis rien des mouvemens insensibles des parties de l'air, de l'eau, de tous les corps ; le soleil y anime tout : sans cesse il en éleve des torrens de vapeurs & d'exhalaisons ; les hommes excitent par-tout des poussieres, allument des feux, élevent des corps ; l'intérieur est encore plus agité : des millions de feux intestins y échauffent tout ; il semble que toute la substance de la terre va s'épuiser par mille bouches inflammées : le seul Ethna semble vomir plus de substance en un an, que n'en comprend toute la terre. Que de fumées, que de flammes, que de cendres, que de torrens de corps embrasés, sans parler des foudres & des éclairs, des secousses & des tremblemens ! Que sçais-je enfin ? Qui n'auroit pas vu ce spectacle, & qui l'envisageroit dans ce simple point de vue, croiroit voir la terre sur le penchant de sa ruine, & prête à rentrer dans le chaos. Il croiroit que l'air va tout confondre, que l'eau va tout dissoudre, que la chaleur du soleil va tout faire évaporer; que les feux intérieurs sont, dès-maintenant, ceux qui doivent, seulement à la fin, consumer la terre.

Car enfin le mouvement, & des mouvemens violens pénétrant toutes ses parties, elles doivent se choquer, s'entre-heurter, se pousser, se repousser, & chercher un plus libre espace dans le ciel qui les environne; ce n'est pas une expérience, c'est l'observation de toute la nature, qui nous apprend que tout corps dont les parties sont en mouvement, se dilate d'abord, & bientôt se dissipe, comme la fumée dans l'air, ou comme la flamme, & mille autres corps dans la machine du vuide, lorsqu'on a tiré l'air qui les resserre dans des espaces plus étroits; & en effet nous voyons bien, que la terre souffre une espece de dilatation & de dissipation par mille poussieres, mille fumées, mille brouillards, qui ne pouvant exécuter leurs mouvemens en tous sens, que dans de grands espaces, se répandent dans l'air qui les environne : enfin c'est un principe évident de soi, & toutes les observations l'établissent, que des corps en mouvement occupent plus d'espace que des corps en repos, & que, n'étoient les obstacles, ces corps se répandroient dans des espaces infiniment grands ; car venant à se heurter, ils devroient se réfléchir en tous sens vers les diverses parties du monde, & continuer ainsi de s'éloigner les uns les autres à l'infini, & sans espoir de retour.

Cependant, à la réserve de cette dilatation superficielle & très-mesurée, que la terre souffre dans les poussieres, les vapeurs, les exhalaisons, les fumées ; on ne voit pas qu'elle se dissolve, se dilate, se dissipe, se confonde avec le ciel, ni qu'elle se consume en aucune sorte; tout change dans son sein & sur sa surface : un mouvement, une génération y succede à l'autre; mais le total du globe ne paroît pas s'en ressentir : toujours égal, toujours immuable, toujours inaltérable, il conserve sa grandeur & sa forme.

Du Son.

IL n'y a, dans la nature physique, d'autre simplicité, d'autre unité que celle qui résulte de l'union & de l'harmonie d'une multitude souvent innombrable de parties.

Le son d'une corde de violon n'est pas le son de cette seule corde ; il est composé d'autant de sons qu'il y a de cordes, de chevilles, de planches, de morceaux de bois, de fibres mêmes & de parties de fibres. D'où vient que le son de la basse de viole sent le bois, celui de la tymbale le chaudron ? qu'un certain bois, le sapin, par exemple, vaut mieux que tout autre pour la planche de deſſus d'un claveſſin, d'un violon ? D'où vient, ſans ſortir de nous-mêmes, qu'il y a des voix nazillones, des voix gutturales, des voix labiales, des voix dentales, des voix aigres, des voix rauques, des voix même de baſſe, de taille, de haute-contre, de deſſus ? C'eſt que le ſon de notre voix eſt compoſé de pluſieurs & d'une infinité de ſons, de ceux du goſier, de la langue, des joues, du palais, des dents, des levres, du nez, de chaque narine, de chaque levre, de chaque joue, de chaque dent, de chaque anneau de la trachée-artere, de chaque lobe du poumon, de chaque partie, grande, petite, de chacune de ces parties & de mille autres parties, à les prendre peut-être à la racine des pieds jufqu'à celle des cheveux.

La preuve en eft de fait. Qu'on ait quelque douleur cuifante à quelque partie du corps, même au pied, on fent que la voix y retentit, comme difent les bonnes gens, & que la douleur en devient plus cuifante, fi l'on parle, fur-tout avec force. Qu'il manque une dent, que les joues foient trop enfoncées, qu'une levre excede la mefure, que le menton foit mal conformé, que le nez foit applati ou bouché par quelque accident, auffi-tôt la voix change & prend fon caractere, fon ton de la partie qui manque ou eft affectée. On a, je crois, obfervé avant moi, que les voix nazillones font des voix non nazillones, & qui ne parlent point du nez, & que les voix dentales seroient mieux nommées voix édentées. Il en est de ceci comme des couleurs du prisme, qui ne font qu'une simple blancheur, lorsqu'on les ramasse toutes sur une petite étendue, & qui, dès qu'il en manque quelqu'une, prennent le caractere qui résulte du mélange de celles qui restent rassemblées.

Les noms des sons sont vagues, abstraits, secs, grecs, & ne réveillent de soi aucune idée, je ne dis pas de la nature en général, mais de la nature même des choses qu'ils désignent. Le *ton*, le *triton*, le *diapason*, le *monochorde*, le *tétrachorde*, la *symphonie*, la *cacophonie*, la *mélodie*, l'*harmonie*, &c. sont tous grecs. La *tierce*, la *quarte*, la *quinte*, la *sixte*, l'*octave*, &c. ne réveillent que des idées numériques, qui ne difent rien. Rien n'eft gracieux comme le ftyle des peintres. Rien n'eft fec & dégoûtant comme celui des muficiens. J'oubliois les *ut*, les *re*, les *mi*, les *fa*, qui ne difent rien à l'efprit, & ne réveillent tout au plus qu'arbitrairement, & par une grande habitude, l'idée du fon qu'ils indiquent. A-t-on même aucune idée intelligible d'aucun fon ? & quelque fon qu'on entende, n'eft-ce pas toujours du fon, & rien de plus ? Au lieu que du verd eft du verd, de l'aurore eft de l'aurore, du jonquille eft du jonquille, &c. Chaque mot porte fon idée & une idée riante, riche, brillante, &c. Et quand on voit les couleurs, chacune parle, & dit, *C'eft moi* ;

& le *moi* de l'une ne se confond jamais avec le *moi* de l'autre. Je ne craindrai pas de l'affirmer; malgré la supériorité comme infinie de l'agrément des couleurs sur les sons, & malgré l'avantage de personnifier les couleurs qu'a la peinture sur la musique, il est pourtant, ce me semble, incontestable que l'agrément de la musique est supérieur à celui de la peinture, uniquement par cet air vif, mobile & vivant que la musique donne aux sons, & par cet air local, fixe & inanimé que la peinture, malgré toute la supériorité de son art, est forcée de laisser aux couleurs; de sorte que je définirois la musique une peinture animée & vivante, & la peinture une musique morte & inanimée. J'ajoûterai une chose qui me paroît dire beaucoup à ceux qui sçavent l'entendre. Le piquant de la musique vient de ce que les portraits qu'elle fait, elle les fait actuellement sous nos oreilles, en quelque sorte ; au lieu que la peinture nous donne ses portraits tout faits. Un peintre qui feroit à nos yeux un portrait en une ou deux minutes, & qui promeneroit notre vue pendant des heures sur une suite de portraits qui éclorroient, à chaque instant, au bout de son pinceau, nous plairoit infiniment.

DE LA MUSIQUE.

LA musique est incontestablement une science toute mathématique. Je sçais bien ce qu'on oppose : une musique composée sur les régles des mathématiques, est une très-insipide musique ; & Lulli n'étoit point mathématicien. Je ne nie point les faits ; il faut garder les régles des mathématiques, mais il faut garder aussi celles du bon goût ; & puisqu'il s'agit de plaire à l'oreille, on doit la consulter ; après cela, il y a une mathématique naturelle de goût & de génie ; la raison la donne, l'usage la développe ; mais jusques-là, Lulli lui-même n'est qu'un habile artisan:

toute fa fcience eft au bout de fes doigts : il peut enchanter mes fens, mais il ne peut éclairer mon efprit ; n'eft-il pas honteux pour les muficiens de notre fiécle, de ne fçavoir rendre raifon de ce qu'ils pratiquent tous les jours depuis leur enfance ?

La mufique eft un plaifir de l'efprit, un fimple agrément. La plûpart des gens y cherchent le plaifir des fens, & ne l'y trouvent pas. De-là vient que fi peu de gens la goûtent bien ; c'eft qu'il y en a peu qui la connoiffent. Les animaux groffiers, pefans, terreftres, à quatre pieds, ne goûtent point la mufique. A bien prendre la chofe, les petits oifeaux n'ont pas plus de chant que les gros, ni même que les animaux à quatre pieds. Si le roffignol chante, la poule chante; le corbeau chante, l'oie chante, le chat chante, &c. Et si le chat ne fait que crier, le chant du rossignol n'est qu'un cri. Il y a autant d'inflexion de voix, de diversité de sons, dans l'un que dans l'autre. Seulement le cri du rossignol est plus doux; plus doux pour nous. Car un chat trouve sans doute son miaulis tout aussi gracieusement modulé, que le rossignol trouve son ramage agréable. Encore même y a-t-il plus de vérité, plus d'expression dans le ramage du chat. Il y a des accents plaintifs & qui vont au cœur. Le chien exprime fort bien sa joie, sa colere, sa tristesse par l'inflexion de sa voix. Le rossignol n'a point de vraies inflexions relatives à aucun sentiment du cœur, à

aucune

aucune idée de l'esprit, à aucune senfation même du corps, puisqu'elles font toujours les mêmes. Ce que les oiseaux apprennent de notre musique, n'est point l'effet de leur goût. Chaque espece a son chant; & souvent, dans une voliere, on n'entend pas deux oiseaux qui modulent sur le même ton. Ils chanteront des années tous à la fois sans se donner le ton, & sans jamais aucun concert; & nul ne paroîtra sentir la cacophonie de leur faux ensemble. Ils se piqueront d'émulation, je veux le croire, & chanteront à l'envi; mais émulation de cri & de bruit: ils ne se piqueront ni d'attrapper le chant l'un de l'autre, ni d'aucune réponse harmonique. Dans une campagne au moins, a-t-on jamais vu la linotte

P. Caſtel.

imiter le roſſignol, la fauvette imiter la linotte ? Ce qu'ils apprennent de muſique, prouve la plus grande médiocrité du goût. Ils apprennent indifféremment tout ce qu'on trouve à propos de leur ſiffler, & mieux, ce qu'il y a de plus plat & de plus facile. Et combien de temps leur faut-il pour apprendre un air de dix meſures ? Un, deux, trois airs en toute leur vie, épuiſent leur mémoire & leur goût. Les ont-ils appris ? Ils vont les chanter & rechanter, juſqu'à ennuyer & faire repentir de les leur avoir ſifflés. Auſſi ſe déſabuſe-t-on beaucoup de ces ſifflemens d'oiſeaux; & ce ne ſont pas ceux qui ont le plus de goût pour la muſique, qui en ſont les plus curieux. Encore vaut-il mieux les abandonner à un ramage inarticulé , qui ne plaît pas assez par sa belle diversité, pour intéresser, & déplaire par son insipide monotonie. Un de ces oiseaux ou tout autre , peu importe , perdit un beau jour la parole : tout le quartier étonné demandoit , & pourquoi & comment ? Et l'on n'y sçavoit d'autre réponse , sinon qu'une trompette qui lui avoit sonné brusquement aux oreilles , avoit paru le fraper d'étonnement & de surdité. A quelque temps , assez éloigné de-là, quelqu'un va aviser pourtant l'oiseau, jusques-là rêveur, qui fredonnoit , entre bec & gosier, un air de trompette , le même qu'on lui avoit brutalement lancé dans les oreilles, & comme éparpillé dans le cerveau. Nous entendons une chanson , ou autre

L ij

chose qui nous plaît, ou nous déplaît même : le souvenir nous en revient, mais un souvenir confus ; nous voulons rappeller l'histoire ou la chanson. Nous sentons que nous l'avons dans la tête ; & sûrement nous l'avons ; mais en lambeaux : aujourd'hui c'est un lambeau, demain un autre ; & souvent, huit jours, huit mois, huit ans & plus après, nous ratrappons le tout. J'ai été plus de vingt années à chercher mille choses pareilles, que j'ai enfin retrouvées dans ma tête. Ce bruit de trompette consterna le petit oiseau : il l'avoit toujours présent à son pauvre esprit : il le craignit tant, qu'il y pensa toujours : il y pensa tant, qu'il cessa de le craindre, qu'il s'y apprivoisa, qu'il le connut, qu'il le goûta, qu'il le chanta. Le peuple ne goûte qu'une musique populaire & triviale. Car, dans ce peuple, dont il s'agit, je pourrois encore distinguer des classes de villageois & d'habitans des villes, de provincial & de Parisien, d'artisan & de bourgeois, de peuple peuple & non peuple ; & prouver que la musique que chacun goûte, est proportionnée au degré de connoissance de son état ou de son éducation, sauf les petites exceptions que des goûts particuliers, des génies rares, des hazards heureux ou malheureux peuvent y apporter.

Que dans une fête de village, ou dans une place de Paris, il y ait deux bandes de violons ; l'une choisie, & n'exécutant que des morceaux choisis ; l'autre au même degré de mauvaise exécution, avec un furcroît de vielles, mufettes, orgues d'Allemagne, trompettes marines, fifres & tambours pour le bruit, & j'y joindrois bien encore un renfort de tambourins, tambours de bafque & de chaudrons; le tout en démonftration plus que géométrique, que la place regorgera autour de la feconde bande; que la premiere y fera étouffée par le bruit, & obligée de quitter la partie; & que les fenêtres même ne tiendront pas les perfonnes du plus haut rang & du plus haut goût qui viendront-là, foi-difant pour voir ce peuple, & tout bas, pour faire comme lui.

Le plaifir de la mufique, d'un opéra, d'un concert, quelque vif qu'on le fuppofe en lui-même, n'eſt tel que pour un nombre de connoiſſeurs & d'amateurs déterminés. Pluſieurs perſonnes s'y ennuient, & n'y vont que pour le ſpectacle, par complaiſance, par habitude, par mode, ou pour n'être pas ailleurs, ſur-tout chez eux. Le plus grand nombre n'y trouve qu'un plaiſir fort modéré : encore ce plaiſir vient-il de l'aſſemblée & d'un concours de circonſtances étrangeres à la muſique. On ſe laſſe d'entendre toujours le même air & les mêmes airs, quelque diverſité de ſon qu'ils ayent. On ſe laſſe d'entendre toujours des cantates, & on veut des ſonates ; on ſe laſſe des ſonates, & on veut des motets ; on ſe laſſe de motets, & on veut des ſcenes d'opéra ; on s'en laſſe,

L iv

& on veut des opéra entiers ; on s'en lasse, & on veut des concerts. On se lasse de la musique Françoise, & on veut de l'Italienne. On se lasse du violon, & on veut entendre la viole. On se lasse de la musique, & on veut de la danse. On se lasse de la danse, &c. Cela ne finit pas, ou plutôt tout cela finit, & on se lasse de tout. Le son n'est donc que l'infiniment petit de l'infiniment petit de la musique en général, qui n'est-elle même que l'infiniment petit du plaisir en général. Aussi tous les agrémens, tous les plaisirs d'ici-bas étant frivoles, séduisans, & le plus souvent criminels, la Sagesse nous en détache en nous disant : *Respice finem*. C'est un grand trouble-fête, mais trouble-fête salutaire, de penser que tout ce qui nous amuse, la musique même, tout innocent qu'en est le plaisir, est compté, & consiste dans un nombre déterminé, & par conséquent fini.

La mélodie est le chant même, tel que l'oreille l'entend. La modulation est comme le dessous du chant, le *sous-chant* que l'oreille sous-entend, comme on dit. C'est le coup de maître, la botte secrette, le mot de l'énigme, le derriere du théatre.

Lorsque, dans une cadence finale, on entend l'accord dissonnant *sol, si, re, fa,* lequel au jugement de l'oreille, ressemble à un édifice monté trop haut, surchargé, branlant, & qui menace ruine, surtout par le comble *fa*, cette oreille, par ses propres convulsions, sent que toutes les parties de cet accord vont se démentir, que le *sol*, qui en est le fondement insuffisant & trop peu profond, a besoin que *ut* vienne lui servir de fondement à lui-même, & l'appelle à son secours ; que le *si* & le *re* annoncent cet *ut*, & l'amenent sous *sol* comme par la la main, & que le *fa* tombe naturellement sur *mi*, étayé lui-même de l'*ut* fondamental ; & qu'enfin tout l'accord se change en *ut, mi, sol*, qui est parfait, ayant son fondement, son faîte & son corps d'édifice, sans rien de superflu. Aussi, après cet accord, tous les musiciens nous disent que l'oreille & l'ame sont dans le plus parfait repos.

DE LA MUSIQUE FRANÇOISE.

Notre musique Françoise est comme la fille aînée de la musique Italienne ; & il en est de même de tous les arts, où les Italiens nous ont toujours devancés; comme plus orientaux que nous, & plus à portée de recueillir les richesses de bien des sortes qui sont venues de la Grece & de l'Asie, depuis l'invasion de Constantinople & de la Grece par les Turcs. Nous sommes donc musiciens, & tout aussi musiciens que l'Italie.

Les Italiens ne nous sont pas supérieurs, mais simplement antérieurs en musique, & antérieurs, non en général. & comme en gros, en bloc, mais en détail, pas-à-pas, & à pas comme entrecoupés par nos propres pas. Aujourd'hui ils avancent, demain nous les atteignons, & quelquefois nous les devançons. Ils ont la primeur, la primauté *inter pares*. Que les Italiens soient le pere ou la mere de la musique, nous sommes toujours leurs fils aînés; & la fille aînée de la musique est une aussi vraie, bonne & belle musique, que sa mere.

Ce sont les Italiens qui ont en partie la gloire de la perfection de notre musique, qui n'est, après tout, que la leur un peu adoucie, polie, & comme humanisée ou adaptée à nos mœurs les plus humaines, je crois, de toute l'Europe. Comme premiers inventeurs de bien des choses, les Italiens ont une musique un peu sauvage, saillante, efforée, libre,

& presque libertine, capricieuse, (*caprisant,*) licencieuse, supérieure aux régles, & à nous, par conséquent qui sommes peut-être la régle, le régulateur, le balancier, le pendule de l'horloge dont ils sont le ressort, le poids, & nous le contre-poids. Les Italiens tirent le marbre, le jaspe, le porphyre, le diamant, l'or de la mine ; nous le polissons, nous le façonnons, nous l'encadrons, nous le circonscrivons, nous l'enchatonnons, nous le débitons, nous le faisons briller ; &, à ce titre, nous en jouissons les premiers, ou peut-être seuls nous en jouissons. Ils font les régles, nous les appliquons, nous les réduisons en principe & en pratique. Ils font l'art, nous sommes la science, & même le métier ; Car il y a ces trois choses-là par-tout, science, art & métier, c'est-à-dire, théorie, pratique & usage. Et ce que je viens de dire est si vrai, que réellement tous nos accords de caprice, de licence, d'emprunt, de supposition, de seconde superflue ou diminuée, de septieme diminuée ou superflue, de onzieme & neuvieme, viennent sûrement des Italiens. Nous les traitons d'abord de caprice & de licence; peu-à-peu ils se fondent, s'incorporent dans nos régles. Nos musiciens qui vont un peu terre-à-terre, un peu sagement, réguliérement, timidement selon le caractere national de notre existence même, sagement monarchique & bien réglée, se révoltent d'abord contre tous ces accords libertins & capricieux en effet. Peu-à-peu ils s'y accoutument, en y accoutumant nos oreilles ; & ils s'en fervent, & nous les fervent fans façon, parce qu'ils les fervent réguliérement & à propos. Il n'y a jamais que quelques jours, mois, ou années, en petit nombre, de différence entre les perfectionnemens divers de la mufique Italienne & la perfection de la nôtre. Et la nôtre eft toujours parfaite en tout temps, plus même fouvent que la leur, parce que nous ne dérogeons jamais de notre actuelle perfection, & que nous tenons même en haleine les Italiens, curieux d'enchérir toujours fur nous, & j'ofe dire fur nous feuls, étant toujours fûrs d'enchérir fur ceux qui n'ayant point d'autre mufique, font toujours prêts à se payer de celle qu'on leur donne toute faite, sans autre coopération de leur part.

Nous estimons les Italiens; mais nous n'en sommes pas les esclaves. Nous ne les copions pas, nous les imitons librement sans servitude; nous sommes même fort en garde contre leurs licences, caprices & chevrotemens. Nous sçavons très-bien que souvent ils donnent dans le burlesque, le baroque, & même dans l'extravagant : ils sont trop emphatiques, trop passionnés, trop tragiques ou trop comiques, pantomimes & pantins bien faits. En voulant même trop éviter notre *eufonie*, prétendue monotonie, ils donnent dans la cacophonie. Leurs défauts sont des excès, excès de génie, défauts du génie. Ils ont plus d'essor, ils se livrent trop à leur verve. Ils sont plus hardis, plus courageux, & tout de suite, plus téméraires, ou téméraires tout court & sans comparaison : car nous ne le sommes pas, étant naturellement plus sages ou plus timides & timorés qu'eux. Nous devons à cet essor, à cette audace, à cette témérité bien de nouvelles veines qu'ils nous ouvrent sûrement, sûrement pour nous. Ils n'ont peut-être pas plus de génie que nous ; mais ils s'y livrent & s'y confient davantage : ils osent en sçavoir plus que les autres ; & là où le sçavoir manque, ils ont le vouloir, le pouvoir, & peut-être le devoir. Chacun se sent ; en fait d'art, au moins, ils se sentent les maîtres des nations : la Providence le leur inspire, la nature le leur fait sentir. Ils sont placés pour cela, & ils le sçavent bien. L'Europe baissant l'oreille, & la France l'ouvrant devant eux, leur dit qu'ils n'ont qu'à parler, qu'à aller. Ils sont l'orient de l'Europe en fait d'arts. Nos diverses façons de gouvernement, encore une fois, fondent tous ces caracteres respectifs. Le gouvernement de l'Italie, fort découpé par nous-mêmes, jadis & de tout temps, en petites parcelles, est, en quelque sorte, plus spirituel & libre par-là, que tout autre, &, je l'avoue, plus favorable aux arts de génie & d'esprit comme celui de la Grece, autrefois. Leur diversité même de gouvernemens, de républiques, d'aristocraties, de petites monarchies, leur petitesse même leur donne entr'eux une émulation respective dont tout un grand état, comme la France, n'est pas si susceptible en elle-même ni envers les étrangers.

Nous chantons, nous solfions, nous disons *ut, re, mi, fa, sol*, &c. Et nous le disons de la voix & de l'instrument, du violon, de la flûte & du tambour, de la tymbale du moins, & de la trompette; & nous le disons en mélodie & en accords, & nous accompagnons, & on nous accompagne; & l'Italien accompagne le François, & le François accompagne l'Italien; & nous composons même en Italien, & l'Italien compose en François; & l'un exécute respectivement la musique absolue de l'autre : & l'Italien fait des basses sous nos dessus, ou des parties sur nos sujets, & le François sur ou sous les sujets de l'Italien; & nous mettons des paroles sur des ariettes d'Italie, & les Italiens leurs paroles sur des airs de France ; & nous appellons, & cela s'appelle, & tout le monde l'appelle de la musique, bonne ou mauvaise, de la musique enfin. Voilà, je crois, un argument, une preuve, une démonstration, bien forte. Car si je gagne que nous avons au moins une musique, bonne ou mauvaise, tout de suite j'argumente, je démontre, je prouve que nous avons donc une vraie musique, & tout de suite encore une bonne musique, & à la fin, à la fin une belle musique. C'est ma façon d'argumenter, du vrai au bon, & du bon au beau; vrai géométrique, bon physique, beau historique ou moral.

Notre musique est un peu plus musique d'école, & par-là, un peu maniérée, si c'est être maniéré que d'avoir les manieres & le goût de son pays. Il est vrai qu'on peut le paroître aux étrangers qui ont un autre goût & une autre maniere par conséquent. Enfin notre maniere est d'être réguliers en tout, de suivre les régles. Absolument cela n'est pas défendu, cela est même ordonné; mais les gens de lettres sçavent, & les gens du monde sentent qu'une musique, comme un poëme, où l'on suit les régles, peut être sans faute, mais non sans défaut. Notre musique sent toujours un peu l'école, sinon l'écolier.

Il est peut-être heureux que

notre musique ne soit celle de personne, étant la nôtre d'autant mieux. On a beau faire ; chaque nation a son goût nationnal de musique. Plus l'Italienne est la musique des Allemands, des Espagnols, des Anglois, plus elle a à craindre que chacun ne lui donne son goût, qui n'étant point un bon goût décidé de musique, ne peut dégénérer qu'en un chaos de goût barbare, & à la fin nul. Il est admirable que Lulli transplanté en France fut forcé de n'exceller dans la musique, que selon notre goût ; cela seul décide un vrai goût propre & nationnal, fondé sur notre caractere & sur nos mœurs.

Une chose caractérise beaucoup notre musique, & j'avoue qu'elle m'en déplaît un peu, &

que c'est ce qui lui donne cet air de monotonie qu'abſolument elle n'a pas ſi fonciérement. Elle eſt trop liée, trop pleine de paſſages, de tranſitions, de ports de voix, d'inflexions, de diminutions, de renflemens même, trop de près-à-près, & le tout, toujours par trop de timidité, de ſageſſe, de régularité. L'Italien ſautille & ſaute beaucoup. Nous n'oſons faire un pas ſans bâton : de *ut* à *re*, nous diſons *ut*, *ut*, *re*, & le ſecond *ut* en agrément, en liaiſon & port de voix, c'eſt hannoner à plus forte raiſon de *ut* à *mi* ; nous diſons *ut*, *re*, *mi*, en gliſſant ſur le *re*, en coulant le *re*. Notre muſique eſt trop toute d'une piéce, trop une. Je veux qu'on m'entende bien, & perſonnifier mes diſcours, les réaliſer du moins : non ſeulement nous disons *ut*, *ut*, *re*, pour dire *ut*, *re*; mais nous disons le plus souvent *ut*, *si*, *ut*, *re*, pour ne dire jamais que *ut*, *re*; le tout, pour mieux suivre la régle de la sagesse proverbiale, qu'*il faut reculer pour mieux sauter*, tant nous craignons le saut, & de nous casser le col. Voilà le François, voilà l'Italien. Ils arrivent tous deux sur le bord du fossé : le François s'arrête, délibere, prend sa secousse en arriere ; mais l'Italien a déja sauté : je dis en fait de musique ; car en fait de marche militaire ou autre même, le François pourroit bien donner l'exemple à l'Italien même de s'y casser le col. Chacun a son champ de bataille ; autre chose est le génie militaire, autre le génie des arts.

Notre langue devenant celle de l'Europe, la musique Françoise çoife qu'on veut étiqueter fur notre langue, eft donc à la veille d'être auffi la mufique de l'univers Européen. Notre danfe eft la danfe de l'Europe : or la danfe eft la mufique des yeux. Notre mufique entre par les yeux dans toutes les cours de l'Europe. Vous doutez que l'oreille s'y refufe, d'autant mieux que notre danfe n'entre pas fans notre mufique, la feule danfante, fi elle n'eft pas la feule chantante. On ne danfe point les fonates ; & je doute que la mufique Italienne faffe danfer, fi ce n'eft en burlefque & en pantomime.

Si les Allemands, les Efpagnols, les Anglois ont facrifié leur mufique à l'Italienne ; & fi les François ne lui ont pas facrifié la leur, il étoit naturel de conclure que ces nations n'avoient peut-être pas de bien propre musique ; car les nations ne se sacrifient guères l'une à l'autre ; & que les François au contraire ayant une propre & très-propre musique, n'ont pas jugé à propos de la sacrifier.

De la Musique Italienne.

La musique Italienne ne plaît qu'aux Italiens, & à ceux qui la connoissent. Je le sçais par mon expérience & par l'observation de l'expérience d'autrui. Il a été un temps où je ne pouvois goûter ni la musique Italienne ni aucune musique sçavante ; & je ne manquois pas les raisons du Renard, pour justifier mon peu de goût : le fait est, que je n'y comprenois rien, & qu'un peu d'usage m'a ouvert l'esprit & les oreilles sur les sublimes beautés de ce que nous appellons le capriolage ou le caprice Italien. Car, *Itali caprisant*, selon l'ancien proverbe rapporté par Kircher, *Itali caprisant, Angli sibilant, Germani boant, Hispani latrant, Galli cantant*. Et ce *cantant*, que nous interprétons à notre avantage, n'est pas interprété de même par les étrangers, qui réduisent notre prétendu chant à la triste monotonie du coq. Notre musique est fort lente & fort coulante par rapport à l'Italienne. Elle n'est que bruit pour un Italien, qui n'y est pas accoutumé ; il la trouve aussi inarticulée, toute d'une piéce, & comme d'un seul son continu. Il ne sçauroit la suivre non plus ; non qu'elle aille trop vîte devant lui, mais c'eſt qu'il va lui-même devant. Le goût de ſa muſique l'entraîne toujours au bruit de la nôtre. Nous planons, nous ſerpentons, nous coulons : il ſaute, il capriole, il papillonne ; & nous ſommes toujours loin de lui, comme dans ſa muſique il eſt loin nous. Or, de loin, tous les objets ſe confondent ; & du reſte, chacun ſe fait le centre de tout mouvement dont il eſt témoin, en fût-il l'auteur. L'Italien va trop vîte pour nous, nous allons trop lentement pour l'Italien. Il nous tient trop éveillés ; & nous l'endormons : cela va au même ; à force de trop de réveil, on s'endort.

Il y a un commencement de barbarie dans la muſique Italienne ; & le triomphe qu'on lui décerne, eſt peut-être ſon apothéoſe. Elle dégénere trop en pantomimes, & va trop de ſauts périlleux en ſauts périlleux. Elle eſt réellement menacée du ſort qui termina l'empire Romain : à force d'envahir les barbares, il fut envahi de leur barbarie.

L'Italie paſſe des années à méditer, à préparer, à décorer un opéra qui ne ſe joue qu'une fois. Pour une fois, un opéra bien décoré, bien emmachiné, eſt toujours beau, de la part ſur-tout des muſiciens Italiens, grands muſiciens en effet, & qui ont une muſique théatrale, pleine de ſurpriſe, de coups de théatre, & capable de faire de l'effet, même par la ſimple mélodie & le ſimple chant ; chant plus déclamatoire que mélodieux, & déclamatoire en pointes & en foubrefaults, en caprices & en cabrioles : car cela s'appelle ainfi chez le peuple, au moins en France ; &, en bon françois comme en latin, *caprifant*. Voilà le fait, notre fait : notre mufique, mufique de fcience & d'efprit, jouit d'une belle médiocrité, toute d'or ; au lieu que la mufique Italienne, mufique de génie & d'in-promptu, atteint fouvent jufqu'au fublime, en donnant même fouvent dans l'efcarpé, le fcabreux, le rocailleux, comme les chevres ; tout franc, qu'il me foit permis de le dire d'après le *Itali caprifant*, que je commente toujours. Je ne dis pas cependant, que parmi ces chevres grimpant les rochers les plus hauts, il ne forte de ces rochers mêmes des aigles, qui s'élancent d'un vol soutenu vers le faîte de tout ce qu'il y a de plus élevé & le mieux éclairé du soleil, dont les rayons ne font que diriger leur vue, sans l'émousser; tandis que nous, nation un peu moutonnière, douce & aimable, un peu folâtre même, & badine, nous bondissons assez legérement dans les vallons & les prairies comme de tendres agneaux, souvent transformés en abeilles ou en papillons, qui cueillent tout ce que la musique a de suave, de mielleux & de fleuri. La musique a-t-elle d'autres fruits que les fleurs?

DU STYLE.

J'AI assez lu & relu, pour sçavoir que les avis sont partagés, entre le style asiatique & le laconique, & que la plûpart, livrés par goût ou par naturel à l'un des deux styles, n'ont jamais prétendu que l'autre ne fût estimable, & n'eût de grands partisans & d'illustres sectateurs. Cicéron même qui est assez Asiatique, ne laisse pas de parler bien du style laconique, & de l'affecter souvent avec succès. En tout cas, Demosthene assure au style concis une bonne moitié des suffrages. S'il y avoit même à prendre parti, il me semble que la plûpart des auteurs préféreroient d'avoir un style serré, plein, nerveux, sentencieux, fort de choses, comme on dit, en pareil style, plutôt qu'un style vague, lâche & noyé dans les paroles. On ne parle pas pour parler, mais pour exprimer des pensées, pour dire des choses; à moins qu'on ne fasse de la littérature un trafic mercénaire, à la toise, au gré des marchands. Les paroles ne font qu'un moyen. Les pensées sont le but. Les paroles sont comme les habits, qu'on peut à la vérité rendre un peu amples pour l'ornement & la grace d'une bonne forme; mais les pensées sont toujours la personne même du discours. Les auteurs concis sont, par cela seul, réputés des gens qui pensent; & la précision a toujours un air d'esprit & de profondeur, lors même que ce n'est qu'un faux air. Je ne citerai point Tacite, Pline, Séneque, Florus, auteurs plus faciles à critiquer qu'à imiter. Mais je puis citer Horace, Térence, Phedre, comme quelque chose de parfait dans le style géométrique de la belle & bonne littérature.

Pour ce qui me regarde, j'avoue qu'ayant toujours fait profession d'allier les belles-lettres à la géometrie & à la physique, je me suis quelquefois trouvé entre deux feux : quelques géometres m'ayant reproché d'être trop littérateur dans la géométrie, & des littérateurs d'être trop géometre & philosophe dans la littérature.

Un style, une pensée, un discours enflé tout court, est ce que les philosophes géometres appellent des points enflés, des néants

DU STYLE. 275

d'étendue sans substance, des vuides de sens, des apparences sans solidité, sans réalité. Un discours, un style enflé n'a que des paroles, de grandes paroles, *sesquipedalia verba*, si je m'en souviens ; point de fonds, point de corps ; point de pensée, point d'esprit.

L'enflé manque par défaut ; mais le trop sublime péche par excès. Le trop sublime est sublime : il atteint le but en le passant. Parlons clair. Celui qui n'est qu'enflé dans son discours, n'est qu'un auteur sans esprit. Celui qui est trop sublime, a de l'esprit & du plus élevé essentiellement. Trouvez-vous que Lucain en manque ?

Différence essentielle. Celui qui est trop sublime, celui qui a trop d'esprit, peut absolument se réduire à en avoir moins. Un sot, un auteur purement boursouflé, n'est pas le maître de se donner assez d'élevation, assez d'esprit. Pour le moins, un auteur qui a du goût, sans avoir un génie si élevé, peut faire son profit & mettre en valeur les saillies d'une imagination qui s'éleve avec trop d'impétuosité & d'enthousiasme. Il peut en prendre le fonds de véritable grandeur; au lieu qu'il n'y a rien à prendre dans les écrits purement enflés. Par exemple, je doute qu'il y ait rien de fort substantiel à glaner dans Balzac. Mais dans Lucain & dans les poëtes Espagnols, Corneille qui est peut-être un peu trop élevé lui-même, a pris des choses admirables. Un style, un discours purement enflé, est, pour finir par un trait de mon métier, comme ces grandes bulles de savon, qui n'imposent qu'à des enfans, lors même que des faux jours les parent des plus belles couleurs.

Le plaisir, les agrémens, les graces, le goût font la qualité occulte, quoique le triomphe de la belle littérature des orateurs, rhéteurs, poëtes, écrivains polis, & autres philosophes en bel esprit. Les graces sont petites ; elles échappent aux yeux, & presque à l'esprit : les agrémens sont fins & délicats ; ils ne se laissent point manier, ni presque définir : les plaisirs sont arbitraires, on n'en dispute pas ; le goût est un je ne sçais quoi : on se le dit d'esprit, sans que l'oreille l'entende, sans que l'œil s'en apperçoive, &c.

Tout cela affaifonné de ftyle ; afforti de phrafes, nourri de paroles, tourné & retourné, faffé & refaffé en profe & en vers, en vers & en profe, amufe merveilleufement fon lecteur, lecteur François à la moderne ; &, à la moderne, il fuffit d'amufer.

CLAVESSIN
Pour les Yeux.

QUE peut-on, en fait d'art, imaginer de mieux, que de rendre vifible le fon, & de de faire les yeux confidens de tous les plaifirs que la mufique peut donner aux oreilles ? Et que diroit Brebeuf? lui qui prodigue les plus magnifiques éloges à la fimple écriture qu'il appelle *l'art ingénieux de peindre la parole & de parler aux yeux ;* que diroit-il de l'art, non de réveiller simplement l'idée de la parole & du son, par des caracteres arbitraires & inanimés, tels que sont les lettres de l'alphabet, ou les notes de la musique, mais de peindre ce son & toute la musique dont il est capable ; de les peindre, dis-je, réellement ; ce qui s'appelle peindre avec des couleurs, & avec leurs propres couleurs ; en un mot, de les rendre sensibles & présens aux yeux, comme ils le sont aux oreilles, de maniere qu'un sourd puisse jouir & juger de la beauté d'une musique, aussi-bien que celui qui l'entend, & que, réciproquement, malgré le proverbe, un aveugle puisse juger par les oreilles de la beauté des couleurs ?

De tout temps, on a comparé la lumiere avec le son ; mais je ne connois personne qui ait poussé ce parallele plus loin que Kircher, lequel effectivement n'étoit point homme à effleurer poëtiquement une comparaison, & qui étoit né pour épuiser toutes les idées un peu fécondes : aussi tous ces ouvrages sont-ils pleins de semences de découvertes, témoins celles que tant d'auteurs du second ordre en tirent tous les jours.

Or Kircher appelle sans façon le son, le singe de la lumiere, & avance hardiment, non sans y avoir bien pensé, que tout ce qui se rend sensible aux yeux, peut être rendu sensible aux oreilles, & réciproquement que tout ce qui est l'objet de l'ouïe, peut devenir l'objet de la vue.

Il fait remarquer, 1° que le son se répand tout-autour, comme la lumiere, en lignes droites ; 2° qu'à la rencontre des corps impénétrables, il se réfléchit, & se réfléchit 3° à angles égaux, comme la lumiere ; 4° que si les corps sont pénétrables, il les pénetre, en souffrant, comme la lumiere, une réfraction qui le détourne un peu de son chemin. Sont-ce-là des preuves ; ou n'est-ce qu'une analogie vague ? Mais ce n'est pas tout ; & nous ne faisons que commencer : suivons donc notre Allemand ; 5° la lumiere renconcontrant un corps concave, se réfléchit en un point où sa réunion forme un foyer ardent : le son, à la rencontre des corps concaves, se réfléchit en un point où sa réunion forme aussi un foyer résonnant, c'est-à-dire, un écho. En voici bien d'autres, mais toujours des faits. On fait des lunettes de longue vue, qui rendent préfens aux yeux les objets éloignés : Kircher ne nous a-t-il pas appris à faire des lunettes de longue ouïe, c'est-à-dire des trompettes parlantes, soi-disant d'Angleterre, ou du chevalier Morland, qui a sçu s'en faire l'inventeur, vingt-sept ou trente ans après Kircher. Je pousserai la comparaison jusqu'au bout, quand les anti-analogistes en devroient enrager. On fait des microscopes pour distinguer les plus petits objets : croirez-vous bien qu'on fasse des microscopes d'oreille, pour distinguer les sons les plus petits & les plus inarticulés ? Et ne fait-on pas, & Kircher n'apprend-il pas à faire des cornets qu'un sourd met à son oreille pour recueillir les sons les moins forts ? Et les chambres parlantes, dont le même auteur donne aussi l'artifice, & dont vous en avez vu ici à l'Observatoire, ne sont-elles pas de vrais microscopes auriculaires, qui font distinguer les sons qu'on seroit bien éloigné de distinguer sans ces secours ? Enfin pour terminer ce parallele, qui n'est pas si poëtique, qu'il ne soit aussi tout philosophique, le son & la lumiere ne consistent-ils pas également dans les trémoussemens insensibles des corps sonores & lumineux, & du milieu qui les transmet jusqu'à nos oreilles ?

Pourquoi, disois-je, en suivant le fil de cette analogie, pourquoi ne feroit-on pas des clavessins oculaires, comme on en fait d'auriculaires ? C'est encore à Kircher, que je dois la naissance d'une si riante idée. Je lisois sa Musurgie, il y a deux ans : j'y trouvai quelque part, que si dans le temps d'un beau concert, nous pouvions voir l'air agité de tous les frémissemens divers que les voix & les instrumens y excitent, nous serions tout étonnés de le voir semé des couleurs les plus vives & les mieux assorties ; voilà une de ces idées que j'appelle des semences de découvertes. Jugez si je la saisis bien vîte, avec le goût que j'ai pour tout ce qui va à la perfection des arts & des sciences, & si je m'empressai de la faire éclorre & de la meurir, mais à loisir. Car il ne faut pas croire qu'une découverte raisonnée se fasse tout-d'un-coup, & par une espece de hazard, comme le disoit l'autre jour un bel esprit, qui sûrement n'en a jamais fait, si ce n'est peut-être de celles qui se font par hazard.

Ici, je reprens mon parallele entre la lumiere & le son, ou plutôt je l'éleve un degré plus haut, & ce font désormais les affections de la lumiere que je compare avec celles du son. La lumiere modifiée fait les couleurs, le son modifié fait les tons. Les couleurs mêlées font la peinture, les tons mêlés forment la musique. Il s'agit donc de voir si l'analogie ébauchée entre la lumiere & le son, se soutient entre les couleurs & les tons, entre la peinture & la musique ?

Rien n'est mieux soutenu : défiez-moi de le prouver ; mais je ne vous le conseille pas : car j'ai toujours mon Allemand à mon côté, qui m'apprend encore que les couleurs suivent la proportion des tons de la musique, & qu'à chaque ton répond chaque couleur. Il est vrai que Kircher ne donne point de preuve bien précise de ce qu'il dit là : il en parle en homme que la force de l'analogie & du système entraîne, & qui sent bien plus ce qu'il dit, qu'il ne peut le rendre sensible à tout autre qui auroit, à un moindre degré, l'esprit d'analogie & de système : en un mot, il en fait la découverte, ou plutôt il découvre la chose, laissant à d'autres le soin d'en découvrir les preuves précises.

Du reste, son sentiment s'accorde avec celui de ceux qui l'ont le meilleur à cet égard : consultez les peintres, entendez-les parler, lisez leurs livres ; sans cesse, ils nous parlent de tons & de demi-tons de couleurs, d'accords de couleurs, d'harmonie de couleurs, de dissonances même de couleurs, tout comme Kircher. Entendez parler, d'un autre côté, les musiciens, je dis ceux qui sçavent parler & qui ont quelque connoissance des belles-lettres & des beaux arts : ils vous diront que telle piéce de clavessin est bien dessinée ; que le chant a ses figures ; que les dissonances doivent être nuancées ; que leur mélange avec les accords consonans imite le clair-obscur ; & mille autres choses semblables, qu'il vous faut, si vous le voulez bien, regarder comme des affaires de fait, étant des affaires de sentiment fondé sur les plus simples & les plus constantes expériences.

Mais le fait est certain ; les couleurs ont leurs tons précis, qui suivent entr'eux les mêmes proportions que les tons de la musique ; c'est ce qu'a vérifié le célebre Anglois M. Newton ; tant il est vrai que notre Allemand avoit l'odorat & le sentiment bon ; tant il est vrai que l'analogie est une bonne clef pour faire des découvertes, & les premieres découvertes des choses. Comme vous avez, je pense, l'optique de M. Newton, c'est-là que je vous renvoie pour y voir toutes les couleurs bien diapasonnées, avec
leurs

leurs octaves, quintes, tierces &
septiemes. Je vous dirai même,
que si vous voulez vous donner
la peine ou plutôt le plaisir de
faire les belles expériences qui
sont dans cet excellent livre, il
ne tiendra qu'à vous de trouver
les repliques, le chromatique, &
tout un clavier de couleurs, à la
réserve de la quarte & des bé-
mols qui en dérivent, que vous
ne trouverez jamais juste, parce
que la nature, dans les couleurs
non plus que dans les tons, ne
nous donne point de dissonance.

Voilà mes préliminaires pour
parvenir à la construction de mon
clavessin oculaire: car quand j'en
suis-là, je me trouve fort avancé;
mais je sçais bien que tout n'est
pas fait : je vous avouerai même,
que le plus difficile reste à faire ;
P. Castel.

ou, pour mieux dire, tout reste à faire; car jusques-là, ce n'est que la partie théorique de l'art : or c'est la pratique que vous demandez, & que je vous ai promise ; mais, dans les nouveautés, il faut toujours commencer, pour se concilier l'attention, par bien établir la possibilité : venons donc au fait, mais toujours pas à pas ; car ce n'est pas en artisan, mais en philosophe que j'ai entrepris de vous démontrer ce nouvel art : quand je parle à un luthier, je lui dis : Faites ceci, faites cela ; mais à vous je dis : Voici comme j'ai cru devoir faire.

Un des grands obstacles que que j'ai d'abord trouvé à réduire ma spéculation en pratique, a été, comme il arrive, dans l'idée même de la chose ; car les nouvelles découvertes ont toujours à combattre bien plus d'obstacles imaginaires que de réels. La lumiere & les sons qui d'abord m'avoient paru marcher sur des lignes paralleles, m'ont de plus près paru s'éloigner par un endroit ; un moins opiniâtre que moi, eût désespéré de pouvoir jamais les concilier ; j'y trouvois une différence essentielle, par rapport à la pratique. On fixe sur une toile les couleurs, & on les manie assez comme on veut ; mais les sons intraitables & toujours fugitifs ne sçauroient être fixés dans l'air ou dans le corps qui les produit.

Qu'un peintre & un musicien viennent en même temps pratiquer leur art dans ma chambre ; quand ils en sortiront, l'un me laiſſera un beau tableau, que je pourrai contempler à loiſir., au lieu que l'autre qui n'a travaillé que ſur l'air, & tout-à-fait en l'air, laiſſera cet air même ſur lequel il a travaillé, dans toute ſa ſimplicité, &, en quelque ſorte, dans tout le dénuement où il l'a trouvé. C'eſt toujours une table raſe ſur laquelle on a véritablement l'avantage de pouvoir travailler de nouveau, mais ſur laquelle on eſt en effet obligé de travailler ſur nouveaux frais, toutes les fois qu'on veut en tirer quelque choſe qui faſſe plaiſir. Les beautés de la muſique ne ſubſiſtent que dans l'inſtant où on les enfante; & comment une piéce entiere de muſique ſurvivroit-elle à ſa naiſſance ? Les divers morceaux de la même piéce ne subsistent jamais ensemble, l'un renaissant comme des cendres de l'autre. Ce n'est que par imagination & par souvenir que nous pouvons envisager toute une piéce de musique en même temps. Et ce caractere fugitif est si essentiel à cet art, que dans le clavessin où les sons ne sont pas naturellement fort durables, ils le seroient même trop, si côte-à-côte de la petite plume qui fait parler les cordes, on ne mettoit un petit morceau d'écarlate, qui leur coupe, en quelque sorte, brusquement la parole. Vous sçavez même que les plus grandes beautés de la musique consistent dans les fugues qui rendent encore plus sensible son caractère volage & fugitif.

Remarquez cependant, que le

fon ne laiſſe pas d'être auſſi durable qu'on le veut, témoin le fon de l'orgue, qui dure au gré de l'organiſte : il ſemble donc qu'on pourroit rendre une piéce de muſique auſſi durable qu'un tableau, en rendant durables les fons qui la compoſent. Mais c'eſt-là que la muſique paroît eſſentiellement différente de la peinture. Les couleurs d'un tableau s'y conſervent ſéparées & bien diſtinctes dans l'ordre & la combinaiſon qu'il a plu au peintre de leur donner ; mais, dans l'air, tous les fons qui ſubſiſtent en même temps, s'y confondent, & ſont bien éloignés de s'y préſenter diſtincts dans l'ordre que demande une piéce de muſique, pour être entendue. Les couleurs ſuivent l'étendue des lieux : les lieux sont fixes & permanens ; mais les sons suivent l'étendue des temps : or les temps sont essentiellement successifs & inalliables. Voilà la différence précise qui ne vient pas, comme on l'imagine, de ce que le son passe, puisqu'on pourroit le faire durer, mais de ce qu'il est essentiel à la musique, qu'il passe pour céder la place à d'autres sons qui lui succedent, & qui, sans cela, se confondroient avec lui, en se répandant dans le même espace d'air qu'il occupe ; au lieu que les couleurs se tiennent séparées dans les diverses parties du même espace, de la même étendue.

On ne peut donc faire, avec les sons, tout ce qu'on fait avec les couleurs. Mais ne peut-on faire, avec les couleurs, tout ce qu'on fait avec les sons ? C'est-là une autre affaire ; car si le plus parfait est défendu, le moins parfait ne l'est pas de même. Le son est volage ; il seroit plus parfait de le fixer, on ne le peut ; mais la couleur est fixe, il seroit moins parfait de la rendre volage ; & cependant ce moins parfait seroit une nouvelle perfection pour le plan que je propose : faudra-t-il y renoncer ? Non sans doute. Car dès qu'on connoît un peu la nature des choses, on sçait bien qu'il est toujours facile de gâter une bonne chose ; au lieu que le plus souvent il est impossible d'en améliorer une mauvaise.

Or la nature nous a prévenus : elle ne nous donne point de son fixe comme les couleurs; mais elle étale par-tout des couleurs volages comme le son. Combien d'oiseaux dont les plumes ont des couleurs fugitives, à cause de leur transparence anguleuse, comme l'a remarqué M. Newton après Kircher? Ce qu'on raconte même de l'instabilité des couleurs du caméléon, n'est pas si fabuleux que le pensent ceux qui n'ont rien vu, & qui n'ont que des yeux pour juger de la possibilité des choses. Les hommes même n'ont-ils pas l'art de faire des étoffes, dont les couleurs sont variables ; mais le prisme passe en ce genre tout le reste.

C'est avec ce prisme que j'avois d'abord tenté l'exécution de mon clavessin oculaire ; mais il ne m'a pas fallu bien du temps pour m'en désabuser : j'ai essayé bien d'autres manieres ; mais enfin il a fallu en revenir à celle qui m'avoit d'abord paru la plus simple & la plus facile, & que j'avois négligée, uniquement, parce qu'elle est simple & facile. Vous la mépriserez peut-être aussi, lorsque je vous l'aurai dite, parce que, sous l'idée d'un clavessin oculaire, vous vous êtes déja forgé des ressorts & des machines, & mille je ne sçais quels palais enchantés ; & je ne doute pas même qu'il n'y ait tel qui soupçonne d'abord du grimoire, & presque de la magie, & qui, en voyant la chose, ne dise comme les badauds de Christophe Colomb : Quoi ? n'est-ce que cela ? j'en ferois bien autant ; car rien n'est si facile à trouver qu'une chose déja trouvée : enfin vous en penserez ce que vous voudrez ; voici le dénouement de ce merveilleux problême.

Qu'eſt-ce qu'un claveſſin ? C'eſt une ſuite de cordes tendues qui ſuivent, dans leur longueur & dans leur groſſeur, une certaine proportion harmonique, qui leur fait rendre, au moyen d'une languette qui les pince, tous les divers ſons & accords de la muſique. Or les couleurs ſuivent la même proportion harmonique ; prenez-en donc autant qu'il en faut pour former un clavier complet, & les diſpoſez de maniere qu'en appliquant les doigts à certaines touches, elles paroiſſent dans le même ordre & la même combinaiſon que ſe feroient entendre les ſons correſpondans à ces touches. Quand je dis, *diſpoſer*, je n'entens pas qu'il faille les mettre en l'air, ni même ſur une même toile, puisqu'il faut que l'une puisse paroître sans l'autre, ou avec telle autre que les touches pourront amener sur la scène. Vous avez vu de ces machines qu'on porte dans les rues, dans lesquelles, à travers un verre, on montre au peuple ce que l'on appelle la *curiosité*, la *rareté* ? C'est en tirant de petites cordes, qu'on fait passer en revue devant les yeux, des villes, des châteaux, des batailles, & tout ce qu'il vous plaira. Il faut ici, qu'en remuant les doigts comme sur un clavessin ordinaire, le mouvement des touches fasse paroître les couleurs avec leurs combinaisons & leurs accords, en un mot, avec toute leur harmonie, qui corresponde précisément à celle de toute sorte de musique.

Mais à quoi bon cela ? me diront ceux qui, avant que d'en entrevoir l'exécution, la regardoient comme une si belle chose, qu'ils l'auroient cru parfaitement impossible ; gens également incapables de faire des découvertes dans les arts, & d'estimer ce que valent celles qui sont faites par d'autres que par eux. Sera-ce donc, diront-ils, un si grand agrément pour les yeux, de voir de simples couleurs se succéder l'une à l'autre, ou se combiner différemment ensemble ? Etrange situation que celle où se trouve quiconque a quelque chose de nouveau à proposer au public ! On dit que ce public aime la nouveauté ; & moi, je m'engagerois à démontrer, par l'histoire de tous les siécles, que ce qu'on appelle des nouveautés, font toujours fort vieillies, avant que ce public ait pu feulement parvenir, je ne dis pas à les aimer, mais même à les comprendre, & à s'en faire une jufte idée : j'ai déja trouvé quelques-uns de ces amateurs de vieilles nouveautés, & qu'on traite prefque de novateurs, parce que, par une vivacité de génie, ils goûtent un fyftême cent ans après la mort de l'auteur ; je leur ai propofé mon deffein : ils l'ont d'abord traité de chimérique ; mais lorfque je leur en ai démontré l'exécution fi facile, que rien n'eft plus facile, ils l'ont méprifée comme chofe trop facile en effet. Cependant, leur difois-je, l'exécution répond précifement au deffein : or le deffein vous paroiffoit fi beau, que l'exécution vous en paroissoit impossible. Le mal de tout ceci, c'est que la plûpart ne connoissent point où gît précisement le bien ou le mal, le facile ou le difficile, le possible ou l'impossible de chaque chose. Je veux bien rendre un peu raison de tout ceci.

Vous aimez fort la musique, & vous ne doutez pas de la beauté d'un clavessin ordinaire, parce que vous en avez l'expérience; mais concevez-vous bien en quoi consiste tout le charme de cette musique & de cet instrument ? Car il faut que des gens comme vous s'accoutument à raisonner sur ce que le peuple se contente de sentir & d'éprouver. Croyez-vous que de soi, les sons flatent plus agréablement l'oreille, que les couleurs ne flatent les yeux?

Au contraire, les plaisirs des yeux sont infiniment plus piquans, étant plus développés & plus sensibles que ceux des oreilles. Souvenez-vous du vers d'Horace: *Segniùs irritant*, &c. En effet, prenez en particulier chacun des sons qui composent le plus bel air de musique ; rien n'est plus insipide que ces sons isolés, souvent même rien n'est plus aigre : quoi de plus aigre ou de plus plat que le son d'une tymbale, d'un basson, d'un serpent, d'une trompette même, & de divers jeux de l'orgue & du clavessin ? Trouvez-vous bien charmant de soi le son d'une cloche, ou d'un morceau de bois, ou même d'un chauderon ? Et cependant une suite mélodieuse ou harmonieuse de sons sur tous ces instrumens,

& en particulier fur des tymbales, des cloches, des morceaux de bois, ne laiſſe pas de plaire beaucoup à l'oreille. Kircher ne nous raconte-t-il pas qu'un prince d'Italie ou d'Allemagne, étant tombé dans une profonde mélancolie où tout lui paroiſſoit fade & dégoûtant, il n'y eut qu'un muſicien qui ſçut trouver le moyen de le divertir par un claveſſin d'une nouvelle ſorte : devinez quel claveſſin ? Il rangea des touches à l'ordinaire, & y mit des ſautereaux armés de pointes très-perçantes ; or chaque pointe répondoit au derriere d'un chat, d'âge, de taille & de voix compétente pour faire un miaulis bien diapaſonné ſelon toutes les régles : après cela, il convint au prince de ſortir de ſa mélancolie ; car qui n'en riroit ? Mais c'étoit-là un badinage que je ne vous cite, que pour faire remarquer qu'en effet les sons n'ont d'eux-mêmes aucune beauté, & que toutes les beautés de la musique viennent non du son, mais de la suite mélodieuse & de la combinaison harmonique de ce son multiplié & varié à propos.

Je raisonne maintenant, & je conclus que la même suite & les mêmes combinaisons étant données aux couleurs, leur procureront les mêmes beautés & les mêmes charmes ; ce qui est d'autant plus vrai, que les couleurs sont par elles-mêmes infiniment plus riantes & plus agréables pour les yeux, que les sons ne le sont pour les oreilles. Tel est le pouvoir de l'harmonie &

de la mélodie, que, quoique de soi, les couleurs plaisent plus que les sons, il est vrai néanmoins qu'une belle musique fait plus de plaisir, & a quelque chose de plus saisissant que la plus belle peinture, laquelle est par conséquent jusqu'ici fort imparfaite, puisqu'avec un fonds plus riche, elle fait de moindres effets que la musique.

Ajoûtez qu'une des principales beautés de la musique vient du naturel fugitif & volage des sons, & du mouvement que leur mobilité excite & entretient dans notre ame ; on n'a pas le temps de se lasser de ce qui ne se montre qu'à un premier coup d'œil : volages, nous aimons tout ce qui est volage: fugitifs, nous volons après tout ce qui fuit ; il suffit qu'un objet ne se montre à nous qu'en paffant, pour que nous courions après. Tout ce qui change eft d'ailleurs plus fufceptible de variété, foit parce que l'objet fe renouvelle fans ceffe, foit parce qu'après avoir difparu un moment, le même objet peut reparoître avec avantage fur la fcène, & nous paroître tout nouveau, foit même parce que le même objet reparoiffant dans un point de vue & dans un affortiment tout nouveau, il eft en effet tout renouvellé, & réellement tout autre. Le principal avantage de ce nouveau clavefsin eft donc de donner aux couleurs, outre l'ordre harmonique, une certaine pointe de vivacité & de legéreté qu'elles n'ont jamais fur une toile immobile & inanimée.

Mais il faut que je vous communique une autre maniere encore plus facile de peindre la mufique & les fons, en les fixant même fur une toile, fur une tapifferie. Concevez-vous bien ce que ce fera qu'une chambre tapiffée de rigaudons & de menuets, de farabandes & de paffacailles, de fonates & de cantates, &, fi vous le voulez bien, d'une repréfentation très-complette de toute la mufique d'un opéra ? On aime à voir les couleurs jettées au hazard fur un marbre, fur une tapifferie, & jufques fur un papier marbré : laiffons ce plaifir au peuple ignorant ; je vous parle ici d'un plaifir qui ne laiffera pas d'être fort fenfible pour l'ignorant, mais qui fera plein d'intelligence & d'inftruction pour l'efprit le plus sçavant & le plus profond. Du reste, quoique je n'en aie pas encore fait l'épreuve, j'ose vous dire que la chose est certaine, & que la pratique n'en peut manquer : ayez toutes vos couleurs diapasonnées, & rangez-les sur une toile dans la suite, la combinaison & le mélange précis des tons, des parties & des accords de la piéce de musique que vous voudrez peindre, en observant toutes les valeurs, syncopes, soupirs, croches, blanches, &c ; & rangeant toutes les parties, dessus, haute-contre, taille, basse & autres, par ordre de contre-point. Vous voyez bien que ceci au moins n'est pas impossible, ni difficile même pour un peintre de quatre jours, & que pour le moins une pareille tapisserie vaudra bien celles où les couleurs ne sont que jettées au hazard comme sur le marbre.

Le clavessin n'est pas si facile à exécuter, par un endroit que je vous laisse à deviner : l'exécution en est pourtant certaine, au moins jusqu'à un certain point qui peut suffire ; mais je n'ai pas eu encore le temps de le porter au point où je vise ; son grand avantage est que, sans être peintre, quiconque joue du clavessin ordinaire, peut, à chaque instant, se donner le plaisir de mille nouvelles peintures, & de peintures sçavantes & régulieres, & d'un ordre supérieur à tout ce qu'on en a vu jusqu'ici ; ce clavessin est, j'ose le dire, une grande école pour les peintres, qui pourront y trouver tous les secrets des combinaisons des couleurs, & de ce qu'ils appellent le clair-obscur, & qui y apprendront à parler, avec intelligence, des tons, des dissonances & de l'harmonie des couleurs, dont ils ne parlent jusqu'ici, que par goût & par sentiment. Mais nos tapisseries harmoniques auront aussi leurs avantages ; car outre la beauté du coup d'œil, qui sera pour tout le monde, on pourra y contempler à loisir, ce qu'on ne peut jusqu'ici qu'entendre rapidement, en passant, & sans réflexion ; & puis ne comptez-vous pour rien le plaisir de voir des couleurs dans une disposition véritablement harmonique, & dans cette variété infinie de dispositions que l'harmonie nous fournit. Le seul dessein d'un tableau fait plaisir ; il y a certai=

certainement un deſſein dans une piéce réguliere de muſique : or ce deſſein ne ſe rend pas aſſez ſenſible, lorſqu'on la joue rapidement ; l'œil la contemplera ici à loiſir : il verra le concert, le contraſte de toutes les parties, l'effet de l'une contre l'autre, les fugues, les imitations, les expreſſions, l'enchaînement des cadences, les progrès de la modulation. Et croyez-vous que ces endroits pathétiques, ces grands traits d'harmonie, ces changemens ineſpérés de tons, qui cauſent, à tous momens, des ſuſpenſions, des langueurs, des émotions, & mille ſortes de péripéties dans l'ame qui s'y abandonne, perdent rien de leur force & de leur énergie, en paſſant des oreilles aux yeux, & de la muſique

P. Caſtel.   O

à la peinture, qui désormais pourra être appellée, à bien plus juste titre qu'elle ne l'a été jusqu'ici, une musique muette, mais d'autant plus efficace pour aller jusqu'au cœur, qu'elle s'y insinuera avec moins de bruit & de fracas ?

M'imaginant que les facultés des hommes sont à-peu-près les mêmes dans des arts à-peu-près également cultivés, & que nos divers sens ont à-peu-près la même énergie, la même force, la même étendue & par conséquent les mêmes bornes, chacun, par rapport à son propre objet ; je me suis persuadé que le coup d'œil du peintre égaloit l'intelligence, la sensibilité, le *coup d'oreille*, si je puis le dire, du musicien, & que cette oreille fonnante étant bornée aux demi-tons du son, cet œil pittoresque étoit borné aux demi-tons de la couleur, c'est à-dire, à des intervalles pareils & de pareille étendue, de pareille petitesse. D'où, par une derniere conséquence que l'événement a pourtant vérifiée, j'ai conclu que, pour déterminer les demi-tons des couleurs, il n'y avoit qu'à pousser l'analyse & les nuances de ces couleurs aussi loin que l'œil d'un peintre peut les pousser, sans donner dans le lavis, & en s'arrêtant à des couleurs déterminées, les dernieres qu'on puisse déterminer. La pratique suivante va m'expliquer.

C'est comme un axiome de peinture chromatique, que pour couper l'intervalle de deux couleurs & les nuancer, c'eſt-à-dire ; pour adoucir le paſſage de l'une à l'autre, il faut les mêler ; & ce mélange qui prend un peu de l'une, un peu de l'autre, pour les concilier, répond à la diviſion harmonique des ſons, laquelle ſe fait en coupant la différence de deux cordes pour prendre une corde moyenne qui prend un peu ſur les deux. Mêlant donc le violet avec l'indigo, il en réſultoit un violet bleuâtre, un agate, un colombin ou gorge de pigeon, qui eſt une nuance bien décidée, & par conſéquent tonique, ou au moins ſémi-tonique ; mais il n'en arrivoit pas de même, en mêlant l'indigo avec le bleu. Rien n'étoit plus équivoque & plus indécis que ce mélange ; & deux autres peintres étant venus en divers temps à notre secours, jamais l'indigo & le bleu ne nous donnerent qu'un pur bleu. Ils n'avoient garde de donner autre chose, l'indigo étant déja un vrai bleu par lui-même. Je ne sçais donc ce qu'ont voulu dire nos philosophes ou géometres qui ont déterminé les couleurs du prisme & de l'arc-en-ciel. Je soupçonne qu'ils n'ont pas été coloristes.

Entre le bleu & le verd, nous trouvions, en les mêlant, un verd canard, un céladon bien prononcé ; entre le verd & le jaune, un olive non moins distinct ; mais c'étoit tant pis pour l'ordre philosophique supposé : car le verd & le jaune répondant à *mi*, *fa*, ne devroient souffrir aucune interposition de couleurs, je dis de couleurs décidées & véritablement chromatiques. Entre le jaune & l'orangé, il y a l'aurore ou abricot, très-réguliérement nuancé; mais entre l'orangé & le rouge, vrai rouge, vrai couleur de feu ou d'écarlate, point de nuance qui ne se confonde avec ces deux extrêmes.

Autre défectuosité : entre le rouge & le violet, qui répondroient à *si*, *ut*, il y a poutant de toutes les nuances la plus belle & comme la reine des couleurs, le cramoisi, le pourpre, & dans les clairs, le rose, l'incarnat. Lorsque la personne qui faisoit ces expériences, d'abord dans son particulier, eut observé ces défauts de correspondance, elle se trouva dans un grand embarras, craignant de m'embarrasser beaucoup moi-même, parce que, comme j'ai dit, je ne lui avois point communiqué mes soupçons contre ce violet tonique. Elle n'ofa d'abord fe fier à fa découverte : elle tourna la chofe de tous les fens ; elle mit en œuvre toute fa fcience du coloris, pour forcer en quelque forte la nature à feconder fon art. On ne force point la nature à changer de fyftême, mais bien quelquefois à le révéler. Ce que j'avois prévû arriva : en trouvant le faux du fyftême fuppofé, la même perfonne trouva le vrai fyftême, les vrais demi-tons, & tout de fuite les vrais tons.

Elle ne fe croyoit pas fi avancée, lorfqu'elle me communiqua fon embarras & le fruit de fes recherches. Elle fut donc agréablement surprise de me voir moi-même tout aussi agréablement surpris que sa pratique s'accordât si juste avec ma théorie, & de me trouver tout préparé d'avance pour souscrire à sa découverte : car ne trouvant point de demi-ton à interposer entre l'indigo & le bleu, ni entre l'orangé & le rouge, & en trouvant au contraire entre le jaune & l'orangé, & entre le rouge & le violet, & trouvant, en un mot, douze couleurs bien nuancées & en même temps bien décidées, qu'on ne pouvoit pousser plus loin, sans donner dans le lavis, l'ordre des tons étoit dès-là trouvé.

Ces douze couleurs chromatiques étoient, violet, agate, indigo, bleu, céladon, verd, olive, jaune, abricot, orangé, rouge, cramoisi ; d'où résultoit nécessairement cet ordre primitif & naturel des tons, bleu, verd, jaune, abricot, rouge, violet, indigo, bleu, en parfaite correspondance avec le diatonique *ut*, *re*, *mi*, *fa*, *sol*, *la*, *si*, *ut* : car en commençant par le violet, on avoit, violet, indigo, céladon, verd, jaune, orangé, cramoisi, violet, qui ne sçauroit être un ordre naturel & primitif, étant tout composé de couleurs artificielles, à la réserve du jaune, & les couleurs principales & les plus naturelles, le bleu & le rouge, en étant exclues.

On m'a fort objecté que des couleurs présentées à l'œil dans le mouvement ordinaire de la musique, seront comme autant d'éclairs qui ne se laisseront point discerner. Cela est vrai pour un commencement, comme il est vrai que la musique Italienne ne se laisse point discerner à ceux qui l'entendent pour une premiere fois; mais elle a des *adagio* & des *piano*; & d'abord on jouera des airs lents ou lentement sur le nouveau clavessin; mais, avec le temps, autant que la lumiere est plus rapide que le son, autant pourra-t-on exécuter plus vîte la musique des couleurs que celle des sons; ce qui, selon moi, donne à celle-là un grand avantage sur celle-ci, y ayant plus de diversité, à proportion qu'il y a plus de rapidité.

En attendant néanmoins qu'on s'accoutume au mouvement des couleurs, & que les habiles coloristes deviennent aussi habiles que les habiles harmonistes à cet égard, les premiers ont l'avantage sur le commun des musiciens, & sur-tout sur ceux qui ne le sont pas ; & le grand nombre même des hommes jugent mieux des couleurs que des sons, les connoissent mieux, les distinguent mieux. La raison en est naturelle : on ne sçait que ce qu'on étudie. La couleur tient aux lieux : ils sont fixes ; elle se laisse donc étudier, & étudier comparativement ; ce qui est la grande étude. Par-tout on retrouve les couleurs, & toutes sortes de couleurs, en contraste & en assortiment, & en toutes sortes de contrastes & d'assortimens ; de sorte que, si encore on s'y méprend, que doit-ce être des sons qui tenant au temps, sont essentiellement mobiles & variables, & se dérobent à celui qui voudroit s'y rendre attentif? Leur comparaison sur-tout paroît interdite, soit parce que dans un chant ils ne subsistent jamais au même instant, soit parce que dans un chœur, *trio* ou *duo*, la plûpart des gens ne les entendent long-temps que dans la confusion, & sans pouvoir en saisir deux à la fois. Il faut être musicien pour faire cette comparaison ; & ce n'est pourtant que par cette comparaison, qu'on devient musicien. Ce n'est donc qu'à force de temps, à force d'entendre & d'exécuter de la musique, qu'on se donne cette intelligence d'oreille, cette tête sonnante ; mais on se la donne enfin : preuve que les sons sont tout aussi fixes & spécifiquement diversifiés que les couleurs.

On peut donner aux couleurs la même diversité de mouvement qu'au son. Il n'y a pas un an, qu'on nioit ou qu'on rejettoit la premiere idée de ce mouvement : il n'y a pas six mois, qu'on en nioit la possibilité ou la seconde idée ; j'entends encore des gens qui en nient la réalité qui est la troisieme idée. Dieu merci, il y a pourtant bientôt une année révolue, que ce mouvement existe : il fut achevé, en modele, & par conséquent fort imparfait, l'année 1734, le 21 de Décembre, jour mémorable de S. Thomas apôtre, à qui je l'ai consacré, sous la devise : *Nisi videro, non credam*. Le mouvement des sons consiste à faire entendre un son pendant un inſtant plus ou moins long , & puis à le faire taire pour laiſſer entendre un nouveau ſon , & après celui-là, un troiſieme, &c. Le mouvement des couleurs conſiſte à faire paroître & diſparoître , au gré des doigts poſés ſur un clavier , une couleur & telle couleur , & telle ſuite de couleurs qu'on veut. Or cela eſt trouvé , fait & bientôt parfait. Il y en a mille témoins. La plûpart des gens trouveront au claveſſin de couleurs, & à la nouvelle muſique , le même agrément qu'à la muſique & au claveſſin vulgaires. Dans le nouveau claveſſin , il n'y a qu'à mettre le doigt ſur une touche pour appeller la couleur & le degré de couleur que l'on veut. Voulez-vous du bleu ? Mettez le doigt sur la premiere touche à gauche. Le voulez-vous plus clair d'un degré ? Touchez la huitieme; de deux degrés, de trois, de quatre, de cinq ? Touchez la quinzieme, la vingt-deuxieme, la derniere à droite. Est-ce un bleu verdâtre, un céladon que vous voulez ? Touchez la premiere blanche à gauche, ou la sixieme, ou, &c. Est-ce du rouge ? & quel rouge ? Rouge cramoisi ? C'est la quatrieme blanche, ou la, &c. Couleur de feu ? La cinquieme, la douzieme, &c. Couleur de rose ? couleur de chair ? Est-ce du verd ? Est-ce du jonquille ? &c. Dans l'instant, dans un clin d'œil on est servi. Il ne faut que connoître le clavier, & sçavoir que le bleu répond à *ut*, le rouge à *sol*, &c. Tout joueur de claveſſin n'a pas beſoin de trois jours d'habitude.

Qui eſt-ce qui peut douter, qu'il n'y ait du plaiſir pour un peintre & pour un amateur, de promener ainſi ſes regards, avec rapidité, ſur toutes ces combinaiſons ſucceſſives de couleurs, & d'en rencontrer, quand ce ſeroit au hazard, d'heureuſes, de nouvelles, & de pouvoir dire à chaque inſtant : Cela eſt bon, Ceci ne vaut rien, Voilà qui eſt mieux ? &c. Chacun aime à faire ſon métier, & à s'y reconnoître habile. Tout homme aime ſurtout à ſe voir aſſis comme ſur un tribunal, pour y juger, diſcerner, décider & prononcer des arrêts. Chaque coup d'œil ſera ici pour un peintre un acte, ſinon de juſtice, du moins de diſcernement

& de jugement. Rien n'eſt ſi flateur.

Les anciens recherchoient ces tons avec ſoin, & les Grecs les déſignoient par les caracteres des peuples qui compoſoient le corps Hellénique. Un ton étoit Phrygien, un autre Lydien, un troiſieme Dorien, &c. C'eſt-à-dire, un ton étoit doux, un autre mol, un autre dur; celui-ci étoit guerrier, celui-là affectueux, &c. Arétin reſſuſcita ces connoiſſances profondes avec la muſique des anciens: les modernes s'en moquent, c'eſt-à-dire, ne les ont pas. Mais le verd qui répond au *re*, leur fera ſans doute ſentir que ce ton de *re* eſt naturel, champêtre, riant, paſtoral. Le rouge qui répond au *ſol*, leur donnera l'idée d'un ton guerrier, sanglant, colere, terrible. Le bleu répondant à l'*ut*, fera connoître son ton noble, majeſtueux, céleſte, divin, &c. Il eſt pourtant ſingulier, pour le dire en paſſant, que les couleurs ſe trouvent avoir les propres caracteres que les anciens ont attribués aux tons précis qui leur répondent; mais il y a beaucoup à dire, & des livres entiers à faire ſur ce point-là, comme ſur tous les morceaux de ce nouveau ſyſtême de muſique : il tient à tous les ſyſtêmes de ſciences, d'arts & de métiers.

Je ne fais que remarquer en paſſant, que les ſourds, par le moyen des couleurs, jouiront pleinement du plaiſir de l'harmonie & de la muſique. Il fera curieux de les voir ſe récrier aux mêmes endroits d'harmonie, où les aveugles se récrieront ; mais cela est équivoque, les goûts & les sentimens étant toujours diversifiés dans les divers sujets ; & ce qui est beau pour l'un, étant souvent fort laid pour l'autre. A tout prendre cependant, l'œil & l'oreille seront communément d'accord. Cela doit être, & ce qui doit être, est au moins le plus ordinaire.

Voilà ce que bien des gens m'ont demandé avec bien de l'empressement : Si le nouveau clavessin joueroit des airs ; car voilà aussi tout ce qu'ils connoissent de la musique ; & plusieurs moins connoisseurs encore, & plus audacieux à affirmer, ont nié que ledit clavessin pût jouer des airs. Mais apparemment, leur répondois-je à tous, que ce que le claveſſin jouera, aura l'air de quelque choſe, l'air gai, l'air triſte, l'air vif, l'air brillant, l'air ſombre, &c. Un aſſortiment de couleurs a un air ſans doute; & un jeu qui fera paroître divers aſſortimens d'un certain goût, ou même de divers goûts aſſortis, fera un jeu d'airs. Le mal eſt, que tout le monde veut parler, & que peu ſe piquent de penſer & de réfléchir. Parce qu'ils ont trouvé le nom d'*air* attaché à la muſique des ſons, ils s'imaginent qu'il en eſt inſéparable. Ils ne prennent pas garde que ce nom eſt un nom de caractere, qu'on applique à toute choſe, & auſſi ſouvent aux objets de la vue, & aux couleurs en particulier, qu'à ceux de l'ouïe. Ce nom d'*air* est le *je ne sçais quoi* de la vie civile. *Cela a bon air, Cela a un mauvais air, Cela a un air, &c.* dit-on, pour exprimer qu'une chose a une apparence qu'on ne peut définir, c'est-à-dire, qu'on ne saisit que par instinct, par sentiment si l'on veut. Ce sera sur-tout le nouveau clavessin, qui jouera des airs : car c'est sur-tout l'œil, qui est juge du véritable air des choses ; & des airs qu'on ne sçauroit définir par l'oreille, se décideront tout-d'un-coup par les yeux : car la nouvelle musique n'est qu'un nouveau point de vue de la même musique qui s'est présentée jusqu'ici, par le côté sensible pour l'oreille. Tous nos sens n'ont que le même objet ; & leurs diverses fonctions ne sont que des manieres diverses de l'appercevoir & d'en jouir.

Le peuple aime le spectacle ; le clavessin est un spectacle ; & tout l'univers est peuple à cet égard. Nous aimons le merveilleux, & sur-tout à le voir. Tout le monde aime à voir. *Voir* & *vivre* sont synonymes, en prose comme en vers. Le peuple de Paris n'est plus badaut que les autres peuples, que parce qu'il a plus d'occasion de l'être. Dans les provinces, les spectacles sont rares & médiocres ; ce qu'on y a vu les douze ou quinze premieres années de sa vie, on l'y revoit toute sa vie. A Paris, ce sont tous les jours nouvelles scènes. Mais, dira-t-on, c'est ce qui prouve que le Parisien est plus badaut que le provincial : le Parisien est comblé de spectacles, & veut, malgré cela, revoir toujours les mêmes, en ayant assez d'autres pour diversifier. On n'y entend rien; & celui qui raisonne ainsi, se montre aussi badaut & plus, que le Parisien. Plus il y a de diversité dans les spectacles de Paris; plus il y a même de mobilité; plus ils sont piquans, moins on s'en dégoûte, & plus en quelque sorte, on peut les revoir impunément. Les mêmes spectacles sont, à Paris, des spectacles diversifiés, soit en eux-mêmes, soit sur-tout par d'autres spectacles auxquels ils sont mobilement enchaînés. Les couleurs d'un tableau sont toujours les mêmes couleurs. Dans le nouveau clavessin seul, ce seront des couleurs diversifiées : il y a bien de la différence entre des couleurs diverſifiées, ou ſimplement ment diverſes.

L'opéra eſt bien plus ſéduiſant par ſon ſpectacle, que par ſa muſique & par ſes vers. Le grand nombre y vont pour voir & pour être vus. Auſſi les gens de bien ne ſe ſont jamais récriés, contre les auditeurs comme contre les ſpectateurs de l'opéra; & le nom de ſpectacle eſt demeuré approprié à l'opéra, à la comédie même. C'eſt le ſentiment, plutôt que l'intelligence, qui donne les noms naturels aux choſes : c'eſt un certain inſtinct, une certaine appréciation, une certaine maniere naturelle & habituelle de penſer ſans réflexion, qui qualifie de ſpectacles les concerts même

&

& toutes les plus saintes assemblées de musique.

C'est une petite observation qui ne paroît rien, que dans tout concert, dans toute musique, dans toute assemblée, où il s'agit d'écouter, la plûpart des auditeurs sont extrêmement embarrassés de leurs yeux : on diroit qu'ils cherchent à voir cette harmonie abstraite & trop spirituelle, qui se fait sentir, sans se laisser appercevoir. On veut au moins voir les acteurs, les voix, les instrumens ; je ne dis pas à l'opéra où l'œil a d'autres intérêts de voir, mais dans tout concert exécuté par les musiciens les plus indifférens : il n'y a pas jusqu'à un simple déclamateur qui récite, un avocat qui harangue, un prédicateur qui prêche, qu'on ne veuille

P. Castel. P

voir pour les écouter avec satisfaction. On veut voir jusqu'aux lévres qui prononcent, au gosier qui chante, au violon qui joue. On court en quelque sorte après la voix, après le son.

On se lasse de cette course inutile, on ramene ses yeux, on rappelle son esprit, on rentre en soi-même; & dès-lors je vois des visages sombres, & des gens qui s'ennuient d'être là. On s'en dédommage avec ses voisins, on parle, on cause souvent de choses fort indifférentes : pour le moins on raisonne musique, on critique, on applaudit, on décide, on compare, c'est-à-dire, on parle; car on n'écoute au plus qu'à demi, & le plus souvent point du tout.

Quand on voit un spectacle, on en est tout occupé ; on ouvre la bouche, & on n'ose cependant pas souffler. Tous les sens sont attentifs ; on diroit que l'oreille même y prend part : on ne peut souffrir d'entendre parler autour de soi. Monsieur, vous m'empêchez de voir, disoit un jour à un grand babillard une personne occupée à considérer un bel ouvrage de broderie. Ce babillard fut assez sot pour répondre qu'il n'étoit pourtant pas au jour ; il n'y étoit pas, & empêchoit pourtant de voir. L'œil est presque le seul sens qui ait le privilége de faire taire tous les autres, tant il s'affectionne à son objet, tant il en est saisi.

La pompe & la magnificence, la richesse même & la diversité ou la distinction des objets, ne sont guères que du ressort de l'œil.

P ij

Or tout ce que les objets visibles peuvent avoir de magnifique & de brillant, peut tourner au profit du nouveau clavessin. Il est susceptible de toutes sortes d'embellissemens. L'or & l'azur, les métaux & les émaux, les crystaux, les perles, les diamans & toutes sortes de pierreries, les lumieres & les glaces, la broderie, les satins, les velours n'y seront pas de simples ornemens, mais formeront le corps même de la machine & comme sa propre substance. Par exemple, on peut former les couleurs même des pierres vraies ou contrefaites de même couleur : les verds avec des émeraudes, les rouges avec des grenats, des rubis, des escarboucles, les bleus, &c. Et quel éclat & quel brillant n'auroit pas un spectacle où l'on verroit éclore de toutes parts, & étinceller comme des étoiles, tantôt les hyacinthes, ensuite les améthystes, puis les rubis, &c. & cela, à la lueur des flambeaux, dans un appartement tout tapissé de glaces? Ce seroit déja un objet infiniment brillant, qu'une espece de décoration immobile, où tout cela seroit assorti. Mais que seroit-ce, si le mouvement & un mouvement régulier, mesuré, harmonique & vif animoit tout & lui donnoit une espece de vie? Ce seroit un charme, un enchantement, une gloire, un paradis.

On peut faire un jeu de toutes sortes de figures, figures humaines, figures angéliques, figures animales, volatiles, reptiles, aquatiques, quadrupedes, figures même géométriques. On peut, par un simple jeu, démontrer toute la suite des élémens d'Euclide. On peut faire un jeu de figures phantastiques, d'hypogrifes, de centaures, &c. figures allégoriques, mufes, dryades, nayades, &c. On peut faire un jeu de fleurs, mettant la rofe pour le couleur de rofe, l'amaranthe pour le pourpre, la violette pour le violet, des jonquilles pour le beau jaune, des foucis pour l'aurore; de forte que chaque coup de main fur le clavier repréfenteroit un parterre, & la fuite du jeu une diverfité mobile de parterres animés. Tout ce qu'on a pu peindre jufqu'ici, on peut le mettre en tableau mouvant, & tout ce qu'on peut mettre en tableau mouvant, peut fe mettre en tableaux mobiles, mobiles rapidement, mobiles arbitrairement au gré des doigts d'un habile joueur de claveſſin. Qui doute même, qu'au lieu d'une couleur ſimple, on ne puiſſe mettre un aſſortiment des couleurs, & un tableau complet même, un payſage, un morceau d'hiſtoire, une ſcene de comédie ou de tragédie; des grotesques, des danſeurs de corde ou autres. J'ai dit qu'on pouvoit faire autant d'inſtrumens de couleurs que de ſons; on en peut faire d'un million de goûts plus différens que ceux de la muſique vulgaire. Que tout Paris ait des claveſſins de couleurs, au nombre de huit cent mille, on peut, ſans ſe mettre beaucoup en frais d'invention & d'imagination, faire qu'il n'y en ait pas deux qui se ressemblent, & cela, sans qu'il en coûte plus, de le faire d'une façon que d'une autre. Je ne finirois pas, si j'entreprenois d'épuiser tous les goûts, tous les desseins de nouveaux clavessins qu'on peut faire, dès qu'on le voudra.

Une grande corde fait entendre communément trois sons ; une goutte d'eau, un prisme font voir communément trois couleurs. Ces trois sons sont accompagnés d'une infinité d'autres ; ces trois couleurs sont nuancées d'une infinité des couleurs. Or, pour le dire en passant, voilà votre tonique, votre tierce & votre quinte de couleurs dans les trois principales du prisme ou de l'arc-en-ciel. Lorsque je pensai, pour la premiere fois, au clavessin oculaire, je pensai aussi à faire une maniere de prisme auriculaire, qui, dans chaque son, en fît entendre distinctement trois ou davantage. Je n'en dirai pas la maniere, parce que je n'y ai pas une entiere confiance & que j'en ai assez dit déja, pour amuser quelque temps les curieux & même les parleurs. *Ne quid nimis.*

Je n'ôte à personne ses oreilles; je donne même à tout le monde des yeux, pour entendre & goûter la musique : les sourds pourront voir la musique auriculaire ; les aveugles pourront entendre la musique oculaire ; & ceux qui auront yeux & oreilles, jouiront mieux de chacune, en jouissant des deux.

Si le clavessin oculaire est possible, me dit-on, que n'en fait-on?

P v

Je réponds que c'est aux luthiers qu'il faut demander pourquoi ils n'en font pas. C'est même à ceux qui s'amusent à faire de pareilles difficultés, qu'il faut demander pourquoi ils n'en font point faire, puisqu'ils en sont si curieux. Je suis géometre, je suis philosophe tant qu'on voudra ; mais je ne suis pas d'avis de me faire maçon pour faire mes preuves d'architecte.

Mais, ajoûte-t-on, comment exécuter le claveffin pour les yeux ? Le voici. Prenez un nombre de couleurs, & rangez-les à votre phantaifie, de maniere que les touches les découvrent, ou fimplement les faffent mouvoir; voilà tout ; car un claveffin ordinaire eft fait, dès qu'il a des cordes à portée de raifonner au mouvement des touches : jouez & montez vos cordes jufqu'à ce que l'oreille foit contente ; jouez & rangez vos couleurs jufqu'à ce que l'œil foit content.

On demande encore s'il y a tant de plaifir dans ce claveffin oculaire ? Ceux qui font cette objection devroient fçavoir au moins, que la lumiere de l'éclair laiffe beaucoup en arriere le bruit du tonnerre, & que fi on joignoit le claveffin auriculaire avec l'oculaire, comme on peut le pratiquer, l'oreille n'auroit en quelque forte que les reftes du plaifir de l'œil. On n'a jamais dit qu'*entendre* fût *vivre* ; mais, de tout temps, la vie & la lumiere ont été fynonymes. Je n'ai encore vu perfonne fortir d'une chambre, parce qu'il y avoit de belles tapisseries ou de beaux tableaux; mais j'en ai vu souvent sortir au bruit du plus beau concert.

DES COULEURS.

DE tous les problêmes résolus ou à résoudre, qui m'ont passé sous les yeux, dans la géométrie, dans la physique, ou dans les autres sciences que je puis avoir un peu cultivées; nul, je l'avoue, n'a piqué ma curiosité, comme celui que je m'étois proposé, il y a quelques années, moi-même, sur le nombre possible des couleurs que la nature produit, & que l'art peut imiter entre le noir & le blanc.

Car je prens ici pour diverses, les couleurs qui different non seulement par le degré de coloris, comme verd, jaune, rouge, violet, &c. mais encore celles qui ne different que par le degré du clair-obscur, & qui ont souvent le même nom, comme les divers bleus, les divers jaunes, &c.

Or je prétens que toutes ces couleurs qui different par le coloris & par le clair-obscur, ne sont qu'au nombre de 144, ou 145, ou 146, si l'on veut, tout au plus.

La raison en est bien simple : douze fois douze font cent quarante-quatre. Or il y a douze degrés de coloris, comme douze degrés de clair-obscur ; & douze bleus, douze céladons, douze verds, font cent quarante-quatre.

Il ne faut que sçavoir la multiplication, ou la simple addition même pour cela.

Qu'on parle au commun des gens, qu'on parle aux peintres même, ils vous diront, au moins plusieurs m'ont dit qu'il y a une infinité de couleurs, & que le nombre en est innombrable; & la plûpart ont paru fort étonnés, lorsque je leur ai dit qu'il n'y avoit qu'une mere couleur, trois couleurs primitives, cinq couleurs toniques, sept diatoniques, douze demi-teintes, & cent quarante-quatre couleurs dérivées possibles en tout.

De tout temps, la peinture, ou, pour parler juste, le dessein, a eu dans la perspective un fondement inébranlable. Toute cette partie est démontrée, comme la géométrie. Aussi a-t-on vu plus de sçavans dessinateurs, que de gracieux coloristes ; & jusqu'ici même, ceux qui ont excellé dans le dessein, les Appelles, les Raphaëls, ont maintenu leur supériorité pittoresque sur ceux qui ont excellé dans le coloris, les Zeuxis, les Titiens ; quoiqu'on puisse dire que, si la nature se soutient par le dessein, elle s'annonce, nous prévient & nous attache par le coloris, qui est comme le ris de la nature & de l'art même.

La chromatique, ou la partie des couleurs, est donc jusqu'ici sans théorie pittoresque ni mathématique, & sans aucune régle, si ce n'est de goût & de génie, ou peut-être d'yeux & d'habitude ; régles vagues, & de littérature générale, d'éloquence, de musique, de danse, de style, de discours, plutôt que de peinture, bien loin que ce soient comme celles du deſſein & de la perſpective, des régles de géométrie ou de mathématique.

Les peintres, je veux le croire, ont leurs régles en eux-mêmes, que l'uſage leur donne, comme dans tous les arts & métiers; régles que les maîtres tranſmettent à leurs éleves, plus par l'exemple, muet cependant, & par la correction qu'ils font de leurs ouvrages, que par des réflexions préciſes & par des préceptes bien articulés.

Sur le deſſein même & la perſpective, ces meſſieurs ont auſſi leurs régles d'uſage & d'habitude, qui paſſent de bouche en bouche, & que le modele seul & la correction perpétuent, la plûpart ignorant les régles des géometres, ou s'en moquant comme d'une inutile spéculation.

Ma remarque est pourtant toujours vraie, que nous avons toujours eu de plus grands dessinateurs, que de sçavans coloristes ; & je ne crois pas me tromper, lorsque j'attribue cette supériorité constante à celle de la théorie réguliere du dessein, sur celle du coloris, qui n'a point de régles.

Il n'en a réellement aucune, & toute cette partie est dans la plus étrange confusion. Un seul point où les modernes me paroissent avoir enchéri sur les anciens, à cet égard, est la distinction précise, qu'ils ont faite de la chromatique en coloris, & en clair-obscur; je dis la distinction précise, en ce qu'ils l'ont articulée avec cette précision, sans se piquer beaucoup de l'expliquer & d'en articuler les vraies notions; confondant l'un avec l'autre, à tous momens, dans leurs discours, & dans leurs préceptes vagues & généraux.

C'est pourtant par ces notions vraies & précises, que doit commencer toute la doctrine des couleurs. Il ne suffit pas de parler tantôt du clair-obscur, tantôt du coloris, comme de deux choses à part; il faut en bien constater la distinction par le caractere propre & la nature spécifique de chacune de ces deux parties essentielles de la chromatique.

Je n'attribue qu'à la confusion

où les peintres ont laissé cette moitié de leur bel art, l'erreur des physiciens mêmes sur la nature des couleurs qu'ils ont manifestement confondues avec le clair-obscur, lorsqu'ils les ont fait consister dans un simple mélange de l'ombre & de la lumiere. Le clair-obscur manifestement n'est que cela ; mais autre chose est la couleur; & il paroît que la nature y fait un peu plus de façon.

COMPARAISON DU SON
& des Couleurs.

Il y a un son primitif & fondamental, appellé *ut*, qui donne le ton à tous les autres, par lequel ils commencent & finissent tous. Il y a une couleur mere & la base de toutes les autres : c'est le bleu ou le noir couleur, prenant la place du noir simplement noir, d'où tout part.

Le premier son *ut* en enfante deux autres, *sol* & *mi*, qui, avec lui, forment l'essentiel de la musique, l'harmonie primitive & fondamentale, *ut*, *mi*, *sol*. Il y a de même trois couleurs primitives, bleu, jaune & rouge.

Il y a cinq sons toniques, *ut*,

re, mi, fa, sol, la, & deux sémi-toniques naturels, fa & si, formant tous ensemble la gamme diatonique, ut, re, mi, fa, sol, la, si, ut. Il y a de même cinq couleurs toniques, & deux sémi-toniques, formant la suite des couleurs, bleu, verd, jaune, aurore, rouge, violet, violant & bleu.

Enfin il y a douze demi-teintes de couleurs, douze degrés de coloris, formant une nuance suivie & un cercle parfait, bleu, céladon, verd, verd-olive, jaune, &c. Comme il y a, dans le syſtême non moins circulaire des sons, douze degrés sémi-toniques, qu'on a traités de *chromatiques*, c'est-à-dire de coloris, de nuances, depuis plus de deux mille ans, avant que de connoître leur parallélisme analogi-

Comparaison du Son

que avec lesdits douze degrés de couleurs.

Deux choses constituent le son, la diversité du son & celle du grave & de l'aigu. Deux choses constituent les couleurs, la diversité du coloris & celle du clair-obscur.

Or la diversité des tons répond juste, comme on voit, à celle du coloris ; & d'ailleurs cette analogie est incontestable : le ton est à la couleur, comme le grave-aigu est au clair-obscur ; puisque le grave répond au sombre, & l'aigu au clair.

Donc le nombre des tons étant égal au nombre des couleurs, le nombre des degrés du clair-obscur est égal au nombre des degrés du grave-aigu ; & il y a douze degrés de clair-obscur, comme il y a douze degrés de coloris ; & par conséquent, en tout, il y a cent quarante-quatre degrés de couleurs nuancées avec harmonie, comme il y a cent quarante-quatre degrés de tons ou de sons harmonieux.

Cependant comme le son est le son, & que la couleur est la couleur ; & que deux lignes parallèles ne sont pas une même ligne unique, la couleur, dans son parallélisme le plus exact, conserve toujours sa nature propre, sa différence spécifique d'avec le son.

Le propre du son est de passer, de fuir, d'être immuablement attaché au temps, & dépendant du mouvement. On ne peut le fixer : il est toujours l'ouvrage de l'art, & d'un art actuellement existant, opérant, réduit en pratique. L'aîle du temps emporte le son, qui n'a d'autre véhicule, ni d'autre sujet.

La couleur assujettie au lieu, est fixe & permanente comme lui. Elle brille dans le repos, sur une toile, sur une fleur, sur un corps en un mot.

Toutes les propriétés, quelque paralleles qu'elles soient aux sons, le sont dans le repos, lors même qu'on les assujettit au mouvement : car on peut rendre une couleur mobile, mais mobile avec le corps qui l'assujettit, & toujours en repos dans ce corps ou sur ce corps.

On peut donner une certaine fixité, une certaine permanence au son, faisant durer le son d'un tuyau d'orgue, autant qu'on veut; mais, dans cette espece de repos,

le temps l'emporte toujours, &
c'eſt un ſon renouvellé à chaque
inſtant; au lieu qu'une couleur
qui couvre une toile, eſt toujours,
je crois, la même couleur.

De cette fixité locale & maté-
rielle de la couleur, & de la
volatilité comme ſpirituelle du
ſon, réſulte une différence, qui,
depuis douze ou treize années,
tient mon eſprit en ſuſpens, ſur
la perfection de l'analogie, que
j'ai, depuis tout ce temps-là,
établie entre la couleur & le ſon.

Je craignois toujours de voir
cette analogie ruinée par-là: car
tout ce qui m'eſt venu d'objec-
tions d'ailleurs, ne m'a jamais
ébranlé d'un moment: mais voici
l'objection, que, pendant douze
ans, j'ai toujours craint qu'on ne me
fît, & que je n'ai jamais oſé me

faire, parce que, quoiqu'un trait de différence ne puisse pas en effacer deux mille de ressemblance, je voulois m'être bien calmé moi-même, avant que de réveiller personne sur ce point délicat.

Le son a, comme la couleur, son coloris & son clair-obscur. Le ton de *ut* n'est pas le ton de *re*, de *mi*, de *sol*, &c. Outre cette différence spécifique, il y a celle du grave & de l'aigu; double différence, qui répond fort bien à celle du coloris & à celle du clair obscur.

Mais entre la couleur & le son à cet égard, il y a cette différence singuliere, que les deux différences sont réunies dans le son, n'étant pas possible de faire des sons graves & aigus, qui ne soient pas des tons ; au lieu que le coloris & le clair-obscur sont deux choses qu'on peut réunir, il est vrai, mais qu'on peut séparer très-réellement, & qu'on sépare par des mélanges de noir & de blanc, qui n'ont point d'autre couleur.

La difficulté n'est pas petite : on m'en a fait beaucoup, sur ou contre l'analogie que j'ai toujours établie entre la couleur & le son. Heureusement personne ne m'a fait celle-ci. On la fera tant qu'on voudra désormais, la voilà indiquée au moins ; je sçais qu'on peut la pousser très-loin. J'y exhorte même.

Ici, il me suffit de remarquer que si la couleur peut se détacher du clair-obscur, ensorte qu'on mette tous les degrés de coloris au même ton de clair-obscur; & si au contraire toute diversité de tons entraîne dans le son une diversité essentielle de grave & d'aigu, cela vient de la nature fugitive du son, & de la nature fixe & locale de la couleur qu'on manie à son gré, au lieu que le son échappe, & ne se laisse point manier; ce qui se réduit à dire que le son est le son, & que la couleur est la couleur. Plus on approfondira la chose, plus on trouvera que c'est cela, & que ce n'est que cela.

Toute la différence se réduit donc à ce que la couleur ne pouvant se détacher du clair-obscur, le clair-obscur peut se détacher de la couleur; les divers gris composés de simple noir & de blanc, n'étant qu'un clair-obscur sans couleur.

Au lieu qu'il semble que le grave-aigu tient essentiellement au ton, tout son étant un ton. Le bruit cependant passe pour n'être pas un ton, c'est-à-dire, un son harmonieux & musical, quoiqu'il soit un son ; & alors on diroit qu'il y a des bruits clairs & des bruits graves & obscurs.

On pousseroit l'analogie plus loin, en observant que comme le noir, le blanc & le gris sont l'assemblage de toutes les couleurs, le bruit pourroit bien n'être que l'assemblage de toutes sortes de sons ou de tons.

Car, comme on définit le blanc une confusion de couleurs, ne pourroit-on pas définir le bruit une confusion de sons ?

Je ne voudrois pas néanmoins affirmer que tout ce qu'on appelle bruit, ne puisse pas entrer dans la classe des sons harmonieux, & qu'on ne puisse diapasonner des bruits graves & aigus, comme on diapasonne les sons ordinaires.

Ces sons ordinaires même, ne sont-ce pas des confusions d'autres sons ? J'ai prouvé ailleurs qu'il n'y a point de son simple, qui n'en contienne plusieurs, & que le son d'une corde est l'assemblage des sons de chaque partie de la corde, comme le son de notre voix est composé des sons du gosier, de la langue, du palais, des joues, du nez, des dents, de chaque dent, de chaque partie de chacune de ces parties.

On pourroit dire que le bruit n'est que la discordance de plusieurs sons réunis ; mais mal-unis. Mais cela ne dit mot : des fons difcords, mal-unis enfemble, rendent un bruit aigre, tant qu'on voudra. On peut diapafonner des fons aigres, & en former une fort douce harmonie. Le fon du claveffin eft toujours aigre. Avec des chauderons diapafonnés, on peut exécuter la plus belle mufique.

En un mot, je ne voudrois pas dire qu'il y eût de bruit qui ne fût pas un fon, un ton même. Au lieu que le blanc, le noir & le gris ne font point des couleurs, des tons de couleurs, & ne peuvent entrer dans les couleurs, que pour les éclaircir ou les obfcurcir. Il y a là quelque chofe qui n'a pas été expliqué, ni même obfervé, & qui mérite bien de l'être déformais. Toute cette matiere des couleurs est plus neuve qu'on ne pense ; & je finis par où j'ai commencé, que ce n'est ici qu'une très-petite parcelle des découvertes immenses, que j'y entrevois en réserve pour les siécles à venir, quoi qu'en disent les partisans trop dociles de l'incomparable M. Newton.

CLAVESSIN
Pour les Sens.

METTEZ de suite une quarantaine des caffolettes pleines de divers parfums ; couvrez-les de soupapes, & faites enforte que le mouvement des touches ouvre ces soupapes : voilà pour le nez. Sur une planche, rangez tout de suite, avec une certaine diftribution, des corps capables de faire diverfes impreffions fur la main, & puis faites-la couler uniment fur ces corps : voilà pour le toucher. Rangez de même des corps agréables au goût, entremêlés de quelque amertume. Mais parlé-je à des gens à qui il faille tout dire ? J'ajoûterai qu'il y a des gens, qui, par le simple toucher, connoissent les divers bois, les diverses étoffes, les cartes, l'écriture, les couleurs, &c. Il y a à Paris un homme qui a appris à son fils aveugle, par le seul tact, à lire, à écrire, à chanter, à déchiffrer la musique, &c. Nos sens sont tous capables d'une grande perfection; mais ceux qui n'ont rien vu, ne conçoivent que ce qu'ils voient.

Du Gout physique.

ON a vu, & l'on voit assez souvent des personnes manger gaiement quelque chose de mauvais, selon leur goût habituel, & tomber tout-d'un-coup en syncope, en convulsion, en foiblesse, en maladie réelle, vomir & revomir tout ce qu'elles ont dans le corps, dès qu'elles s'apperçoivent de la méprise ou qu'on les en avertit. Cela n'est surprenant que pour le vulgaire. On introduit dans la place un ennemi travesti, on le découvre; on crie aussi-tôt aux armes; on le met dehors, si on le peut; ou il vous y met vous-même, s'il est le plus fort. L'esprit, encore une fois, est le maître chez nous, même malgré nous; & il est bien raisonnable qu'il le soit : tant pis pour ceux qui ne s'en accommodent pas.

Nous fermons les yeux & les oreilles même aux approches de quelque chose de desagréable pour le goût seul; nous bouchons le nez, nous serrons les levres; nous fuyons, lorsque la fuite peut nous délivrer de l'ennemi. Enfin lorsque l'impression désagréable nous saisit, malgré, ou comme malgré nous, & qu'il faut avaler la pilule ou autre déboire, nous secouons la tête, nous la détournons, nous prévenons la bouche d'un goût d'eau-de-vie, ou de quelque chose de fort; nous avalons d'un trait, nous renfonçons notre esprit comme

PHYSIQUE. 373

en dedans, ou nous le diſtrayons, & le rejettons comme au-dehors. Au lieu que pour un objet ragoûtant, l'ame vole comme au-devant ; elle ne ſe contente pas de le goûter de la langue & du palais pour qui il eſt fait, de le ſavourer, de le remâcher ; elle aime à le voir, à le manier, à le contempler, à le flairer. Elle n'a pas aſſez de ſens pour en jouir ; on diroit qu'elle ſe met à toutes les fenêtres : ce ne ſont pas des yeux, mais *de grands yeux* qu'elle ouvre, &c. Lorſque nos premiers peres eurent le malheur de goûter du fruit défendu, l'eſprit en eut le premier avant-goût : Vous ſerez comme des Dieux, ſçachant le bien & le mal, leur dit le Serpent ; vos yeux s'ouvriront. L'eſprit eſt, avant toutes choſes, curieux de science : c'est sa nourriture ; & quoi que nous fassions, toujours il y pense, avant que de penser à celle du corps. La femme vit donc que le fruit étoit bon pour la nourrir, soit en corps, soit en esprit. Cela ne suffisoit pas, & il falloit que les yeux y trouvassent aussi leur réfection.

Qu'on examine la maniere tout-à-fait raisonnée dont on se met en possession d'un nouveau goût, lorsqu'on veut bien s'y prêter ; par exemple, le goût d'un mets ou d'une liqueur étrangere. On la considere ; on la regarde ; on définit sa couleur, son apparence, relativement à quelque autre mets ou liqueur connue. On la flaire & on la définit de même, par rapport à quelque autre odeur : on la manie, si elle est maniable, & on constate toujours de nouveaux rapports. Un géometre ne s'y prend pas avec plus d'égards, pour constituer les conditions d'un problême. Enfin, après bien des discussions, des analyses, des comparaisons, des raisonnemens, des questions qui seroient bien mieux employées à quelque chose de plus solide, on prend une goutte, une larme de la liqueur; on la prend du bout de la langue, qui la dépose sur le bout des lévres; & c'est alors que l'ame s'y rend tout de bon attentive, (je parle des ames les plus mondaines, les plus dissipées, les plus frivoles,) & qu'elle étudie très-sérieusement son objet. Elle ne se presse pas d'introduire plus avant ce nouvel hôte : elle tâte & retâte, elle tourne & retourne ;

elle rejette cette goutte avec tout ce qui peut avoir pris son goût ; & souvent, c'est pour toujours, ou pour long-temps. Sinon elle en reprend une nouvelle avec les mêmes façons, & l'introduit peu-à-peu jusqu'au palais, c'est-à-dire, d'abord à la naissance du palais, à la racine des dents, & peu-à-peu plus haut, par des gradations plus imperceptibles que je ne puis dire. Enfin, après une infinité de révisions, de confrontations, de récollemens, de procédures dans les formes, on goûte, on avale, & l'on se déclare amateur au bruit des applaudissemens de tous les spectateurs gourmands, gourmets, ou pis que cela.

Mais dans ces sçavantes recherches qui occupent les trois quarts

& demi des hommes, par rapport à toutes sortes d'objets de goût & de toutes sortes de goût, l'essentiel ici est de remarquer que tout le but de l'ame est de décider, de définir, de constater les rapports, les analogies des goûts connus, avec le goût en question. On se demande à tout moment tout bas, & on demande tout haut aux autres, à quoi ressemble ce nouveau goût, si ce n'est pas un goût de cannelle, de café, de muscat, de citron, &c. Remarquons sur-tout que, lorsqu'on trouve, ou qu'on croit trouver, & qu'on a pu dire, *C'est cela*, on est satisfait, & on s'y livre sans hésiter plus long-temps. Lorsqu'on rejette, on motive aussi le plus souvent son dégoût, en disant : C'est un goût de suie, d'abſinthe, de manne ; mais ſouvent auſſi on rejette les choſes, uniquement parce qu'on n'en peut pas définir & réconnoître le goût, & en diſant : *Je ne ſçais ce que c'eſt que ce goût-là. Quel goût ! je n'y connois rien.*

Raiſonnons. Quelle autre régle pourrions-nous avoir pour goûter quelque choſe de nouveau, ſi ce n'eſt le ſecours d'un goût ancien & qui nous eſt familier. Du lait un enfant paſſe naturellement à la bouillie, de la bouillie à la ſoupe. Donnez-lui du vin, vous le lui verrez conſtamment rejetter les premieres fois, en diſant que *cela pique*. Il ne ſçait pas qu'un peu de piquant releve le goût : il ne l'apprendra que trop, avec le temps, mais de proche en proche. Tous les enfans aiment le vin doux, c'est le lait du vin : tous aiment les sucreries, & les buveurs d'eau les aiment aussi ; le vin & les épiceries fortes en dégoûtent.

Rien n'est plus ordinaire que de voir des personnes goûter des choses par distraction, par oubli, manque d'être averties ou d'y penser ; rien non plus de plus ordinaire que de les voir tout-d'un-coup trouver mauvais ce qu'elles trouvoient excellent, selon que la mémoire joue. C'est, dit-on, imagination toute pure : c'est imagination sans doute, & pure idée de l'esprit ; mais l'imagination n'exclut pas la réalité, selon ce que j'ai dit, & qu'il est démontré par les symptomes qui suivent souvent cette idée, ce souvenir. Tout dépend de la force plus ou moins grande de cette imagination, c'eſt-à-dire, de l'empire qu'on lui a donné ou laiſſé prendre ſur ſon eſprit, ou ſur ſon corps.

―――――――

Des mauvais Effets du Cuivre.

Le cuivre eſt rare & cher. Il faut le faire venir exprès, & de loin, & à grands frais. C'eſt payer chérement des armes, pour ſe faire battre. Le fer eſt commun & à vil prix. On en trouve abondamment dans pluſieurs de nos provinces, & preſque par-tout, dans les terres labourables même, & juſques dans les cendres de toutes les plantes. On l'aiguiſe en lances & en épées; on le façonne en boulets, bombes, mortiers & canons; & on n'en sçauroit forger trop d'armes, pour se défendre du cuivre, le plus redoutable, parce qu'il est le plus intestin de nos ennemis. Je ne crois rien hazarder, lorsque je pense que, sous le nom d'ami, le cuivre tue plus de monde, que le fer, sous le nom d'ennemi.

Les caresses d'un faux ami sont plus dangereuses, dit-on, que les blessures d'un ennemi déclaré. Quoi de plus traîtreusement caressant, que le cuivre? C'est de son sein que passe, tous les jours dans le nôtre, tout ce qui réveille, flate, irrite & rassasie notre appétit; les confitures, les syrops, les eaux-de-vie, les liqueurs, les compôtes, les ragoûts, les alimens les plus communs même.

C'est une réflexion à faire, & que l'on fait même tous les jours, mais sans réflexion, toute réflexion qu'elle est. Pourquoi, de tous nos alimens, ceux qu'on regarde le plus spécialement comme mal-faisans, sont-ils spécialement ceux qu'on prépare dans le cuivre : les sucreries, les épiceries, les ragoûts, les liqueurs ? Les hommes ont assez le commencement de toutes les bonnes réflexions, qui tendent à leur conservation. L'intérêt est grand, & la nature a toujours l'instinct à ses ordres. On sent, on entrevoit, on se doute du vrai.

Je ne suis pas le premier qui ai

observé que le bouilli est communément moins sain que le rôti : ce qui vient, non seulement, comme on dit, parce que celui-ci a moins d'apprêt & de mélange d'épiceries, mais uniquement parce qu'il n'entre point de cuivre dans son apprêt, & que le fer, son antagoniste & notre ami, y entre beaucoup ; témoin le noir du fer qui se communique tout autour, & qui doit communiquer un goût, un parfum ferrugineux à toute la piéce que ce fer enfile par le centre ; goût qui n'a rien de trop rebutant ; parfum qui n'a rien que de sain.

Pour ce qui est du bouilli & des ragoûts qui sont du bouilli aussi, c'est autre chose ; & s'ils ont du mal-sain, sur-tout le simple bouilli, je n'en vois d'autre prin-

cipe, la quantité mise à part, que la qualité des vaisseaux de cuivre où ils sont ordinairement préparés ; mais on a soin de fécurer, laver, essuyer les vaisseaux de cuivre. Je sçais qu'ainsi l'entendent les maîtres ; mais ce n'est pas dans ce sens-là qu'on peut toujours dire, *Tel maître, tel valet*. On sçait quel fonds on peut faire sur l'entente & la bonne volonté de ces derniers ; mais supposons-les, sur l'article, infiniment affectionnés, exacts, délicats même, & qu'ils ôtent, avec des yeux d'Argus, jusqu'à la moindre nuance de ce verd empoisonneur ; en ôtent-ils la racine ? Le verd de gris n'est qu'une fleur, que la moindre humidité, la moindre saleté exalte & fait épanouir. N'est-elle dangereuse
qu'après

qu'après son épanouissement ? Et si elle ne s'épanouit sur sa tige, lui est-il défendu de s'épanouïr dans notre estomac ?

Presque tout ce que nous mangeons & buvons, passe par le cuivre, y séjourne, s'y macere, s'y attendrit, s'y digere. Il doit donc, & nous devons en prendre la teinture, l'impression, le levain, le poison. Lorsque la dose en est trop forte par la négligence des domestiques, il y paroît aussitôt. Ce n'est pas là le plus dangereux. Il en périt par-ci par-là quelques milliers de personnes, tous les ans, en divers pays; mais nous périssons tous & nous dépérissons par millions, par un cuivre, par un verd de gris imperceptible & plus subtil qui s'accumule tous les jours dans notre

P. Castel.

estomac, dans nos visceres, dans nos veines, dans nos os même, & dans nos esprits les plus vitaux. Sans attendre même de plus précises observations, la couleur verdâtre que nous observons tous les jours dans la bile, dans le sang, dans les humeurs de bien des malades, & qui n'y pronostique rien de bon, n'est-ce point peut-être un verd de gris que nous avons empêché de paroître dans les vases préparatoires des alimens, & que la bonne nature nous représente dans nos propres vaisseaux? Car elle va toujours à son but, pour corriger, n'ayant pu prévenir nos erreurs.

Le comble de l'erreur & de notre misere, c'est que les remédes à tous ces maux causés par le cuivre, les pilules, les tifanes, les médecines, &c. fe préparent par les mains les plus habiles dans des mortiers, dans des poëlons, dans de coquemars, dans des vafes de toutes les fortes en cuivre, où je puis attefter en avoir vu plus d'une fois refroidir avec un verd de gris manifefte fur les bords, qu'on tranfvafoit fans façon dans des phioles pour être avalées tout de fuite par de pauvres malades, que de pareils remédes ne manquent guères de tuer ou de tourmenter cruellement, à la décharge du médecin, qui ne devroit pas au moins porter la faute du pharmacien ou du chef d'office, feules caufes journalieres des ravages fecrets ou manifeftes du cuivre.

COMPARAISON
de Descartes & de Newton.

C'EST dommage pour Newton, que Descartes l'ait prévenu, sans quoi, il auroit été un Descartes pour la physique, comme il l'a sûrement été pour la géométrie : car celle-ci allant pas-à-pas d'une découverte à l'autre, il y en a assez, dans la région du possible, pour tous les esprits capables de s'y signaler ; au lieu que tout a été dit en physique, & qu'heureux est le premier qui, disant bien, ne laisse à son émule que la gloire de lui servir d'écho, ou la honte de s'égarer, en lui refusant cet hommage. Je doute pourtant que Descartes ait tout dit, ou tout bien dit, & qu'il n'y ait pas eu après lui beaucoup à glaner pour un homme tel que Newton. Newton, je pense, valoit bien Descartes pour le génie ; c'étoient pourtant deux génies différens. L'Anglois n'avoit pas la facilité du génie du François ; ce qui peut n'être qu'un simple air de nation, c'est-à-dire, une affaire de pure éducation : car il en avoit, dit-on toute la force & l'étendue. Or je crois que c'est en Angleterre même, qu'on dit, qu'à génies égaux, le François bâtit en hauteur, & l'Anglois en profondeur ; celui-là au-dessus, celui-ci au-dessous du niveau de la terre ; l'un en dehors, l'autre en dedans. Si ce n'est pas là le caractere des deux nations, c'est celui des deux grands hommes en question. Descartes a pensé en grand sur la nature ; & quoique tout le monde ne veuille pas en convenir, je trouve que Newton a pensé en grand, aussi sur le même sujet. Descartes a eu l'ambition de faire un monde ; Newton n'a pas eu, à cet égard, une moindre ambition. C'est la même sorte d'ambition, dans le cœur humain, que celle qui aiguillonna le grand Alexandre à le conquérir.

COMPARAISON DE BAYLE & de M. Rousseau de Geneve.

BAYLE étoit un *demi-sçavant*. Il sçavoit douter, & par conséquent il sçavoit le pour & le contre de tout. M. Rousseau ne sçait que le contre, & ne doute de rien. Ces deux auteurs peuvent avoir le même but. Bayle nous y mene, M. Rousseau y va tout seul ; car je doute qu'il y mene personne ; il annonce trop le Déisme. Bayle est plus dangereux ; il n'annonce rien. Son style indifférent, rend constamment tel son lecteur. M. Rousseau met trop d'intérêt & de chaleur dans ses prétentions, qui sont trop naïvement fortes & horribles. On ne persuadera pas facilement aux sots même, beaucoup moins même aux sots, qu'ils soient bêtes ou Pongos. Bayle va à l'esprit par le cœur, dont l'esprit est facilement la dupe, selon le proverbe. M. Rousseau va au cœur par l'esprit, dont nul proverbe n'a établi la duperie active envers le cœur, toujours libre de s'en moquer. C'est Bayle qui manie l'hypothèse en habile homme. M. Rousseau en évente l'art & le sçavoir-faire, par des contre-thèses perpétuelles. Aussi Bayle se vantoit-il de sçavoir tout, & citoit tout réellement, livres & auteurs; & M. Rousseau se vante, à la façon peut-être de Socrate, de ne sçavoir rien; & ne cite rien ou presque rien en effet; & l'avis de M. Rousseau n'est jamais que l'avis de M. Rousseau.

DE LA MORT.

NOTRE vie n'est qu'une épigramme, dont la mort est la pointe.

FIN.

Liste de quelques Ouvrages nouveaux qui se trouvent chez VINCENT.

Esprit de S. Evremont, *in-12*, 1761.
Observations sur le Pouls ; par Cox ; *in-12*, 1761.
Mouvemens de la Matiere électrique ; *in-12*, 1760.
Précis de la Médecine pratique ; par M. Lieutaud, nouvelle édition, *in-8°*, 1761.
Traité de la Poësie françoise ; par le P. Mourgues, *in-12*.
Journal des Audiences, avec les Arrêts, &c. *in fol.* 7 vol.
——— Les Volumes V, VI, VII se vendent séparément.
Essai sur les Maladies de Dunkerque, *in-12*, 1760.
Histoire du Peuple de Dieu, l'Ancien Testament, *in-12*, 10 vol.
——— La même, *in-4°*, 8 vol.
Histoire du Peuple de Dieu, le Nouveau Testament, *in-12*, 8 vol.
——— La même, *in-4°*, 4 vol.
L'Arithmétique de Barreme, *in-12*.
Comptes faits ; par le même, *in-12* & *in-24*.
Le Livre nécessaire, du même, *in-12*.
Traité des Parties doubles, *in-8°* ; par le même.
Dictionnaire de Du Cange, *in-fol.* 6 vol.
Gallia Christiana, *in-fol.* 11 vol. à 15 liv. le vol.

Le Spectacle des beaux Arts, ou Confidérations touchant leur nature, leurs objets, leurs effets & leurs régles principales, &c. *in-12.*

Les plus beaux Monumens de Rome ancienne, en 120 Planches *in-fol.* grand papier, imprimé à Rome.

Amufemens des Compagnies, ou Recueil des plus nouvelles Chanfons notées, *in-12*, 2 vol. Hollande.

Examen Théologique fur la fociété du prêt à rente, *in-12*, 1762.

Avis au Peuple fur fa fanté, *in-12*, 1761.

L'Hiftoire de la fanté, *in-8°*, 2 vol. *petit format*, 1762.

L'Abrégé chronologique de l'Hiftoire de Flandre, *in-8°*, 1760.

Le Tréfor du Parnaffe, *in-12*, 2 vol.

Anecdotes de Médecine, *in-18*, 1762.

Mémoire fur l'irritabilité; par M. de Haller, *in-12*, 4 vol.

──────── Du même. Phyfiologie, *in-4°*, 3 vol. 1761.

Les Opufcules chymiques de M. Margraf, *in-12*, 2 vol. 1762.

L'Hiftoire de l'Egypte, *in-12*, 2 vol. 1762.

Génie de Montefquieu, *in-12*, nouv. édit. 1762.

Contes moraux dans le goût de ceux de M. Marmontel, *in-12*, 2 vol. 1763.

Abrégé du Dictionnaire de Trévoux, *in-4°*, 3 vol. 1763.

Méditations de Dupont, *in-12*, 3 vol. nouv. édit. 1762.

Dictionnaire domeftique portatif, *in-8°*, 1763.

www.ingramcontent.com/pod-product-compliance
Lightning Source LLC
Chambersburg PA
CBHW060544230426
43670CB00011B/1678